AF277127

EL ARTE DE LA AMISTAD:
DESDE SÓCRATES HASTA HOY

colección **Ensayo**

Dirigida por: ÁNGEL ESTEBAN

Verbum Ensayo se enfoca en los campos de la filología, la estética, la filosofía y la historia, fundamentalmente. Atesora las obras de los ensayistas y estudiosos más importantes de todos los tiempos y presta especial cuidado a estudios de autores hispanos como José Ingenieros, Miguel de Unamuno, José Enrique Rodó, José Olivio Jiménez, Roberto González Echevarría, Humberto López Morales, Leonardo Padura Fuente, Alejo Carpentier, Roberto Fernández Retamar, José Carlos Rovira, Virgilio López Lemus, Jesús G. Maestro, Alejandro Martínez, Ángel Díaz Arenas, Rolena Adorno, Enrique Gallud Jardiel, Vicente Cervera Salinas, Jesús Jambrina, Gema Areta, Ángel Esteban, José Luis Villacañas, Carlos Javier Morales, Javier Huerta Calvo, José Manuel Camacho, Elena Poniatowska, entre otros.

Muchos de estos títulos forman parte de las referencias bibliográficas de numerosos cursos doctorales, másteres y grados en universidades de España, resto de Europa y EE.UU.

ALEJANDRO ALCALÁ

EL ARTE DE LA AMISTAD: DESDE SÓCRATES HASTA HOY

EDITORIAL **VERBUM**

© de los textos: Alejandro Alcalá, 2025
Diseño de portada: Iván García
© de esta edición: Editorial Verbum, 2025

Tr.ª Sierra de Gata, 5
La Poveda (Arganda del Rey)
28500 - Madrid
Teléf.: (+34) 910 46 54 33
e-mail: info@editorialverbum.es
https://editorialverbum.es

I.S.B.N.: 979-13-7018-051-5

Diseño de colección: Pérez Fabo
Preimpresión: Adrians Esquivel Romero
Printed in Spain / Impreso en España

Este libro ha sido
impreso con papel
ecológico procedente
de bosques sostenibles.

Fotocopiar este libro o ponerlo en red libremente sin la autorización de los editores está penado por la ley.

Todos los derechos reservados. Cualquier forma de reproducción, distribución, comunicación pública o transformación de esta obra solo puede ser realizada con la autorización de sus titulares, salvo excepción prevista por la ley. Diríjase a CEDRO (Centro Español de Derechos Reprográficos, www.cedro.org) si necesita fotocopiar o escanear algún fragmento de esta obra.

ÍNDICE

Prólogo
La amistad: un hilo invisible que une a la humanidad

"Sin amigos, nadie querría vivir, aunque poseyera todos los demás bienes", escribió Aristóteles en su *Ética a Nicómaco*. No era una frase retórica: el filósofo griego situaba la amistad —*philia*— en el corazón mismo de una buena vida, al nivel de la justicia o la felicidad. Platón, en sus diálogos, ya había explorado la tensión entre amor y amistad, entre Eros y Philia, preguntándose si el amigo era una extensión de uno mismo o un ser amado por lo que tiene de distinto.

Desde los primeros relatos, la humanidad se ha narrado a través de la amistad. En la *Epopeya de Gilgamesh*, el rey salvaje y tiránico de Uruk solo aprende a ser humano gracias a su amigo Enkidu: juntos combaten monstruos y desafían a los dioses, pero es la muerte de Enkidu la que revela a Gilgamesh la fragilidad y el sentido de la vida. Ese relato, escrito en tablillas hace más de 4.000 años, muestra que la amistad no es adorno ni lujo: es condición de nuestra humanidad.

En la mitología griega, la unión entre Aquiles y Patroclo en la *Ilíada* encarna la amistad como fuerza guerrera y destino trágico. Aquiles, invencible, se derrumba solo cuando pierde a su amigo; la cólera que lo impulsa a vengarlo es más poderosa que cualquier promesa de gloria. Del mismo modo, en la *Biblia*, David y Jonatán sellan un pacto de lealtad que supera incluso la enemistad política entre sus familias. La amistad, en todos estos relatos, aparece como vínculo capaz de desafiar la muerte, la guerra y hasta las leyes divinas.

Cicerón, siglos después, pondría en palabras ese misterio en su *De Amicitia*: "No hay nada más noble que la amistad, nada más útil, nada más dulce, nada más digno del hombre libre". Para él, la amistad no se basaba sobre el interés, sino en la virtud compartida, en la comunión de valores. Esta idea marcó la tradición occidental: los amigos no eran meros compañeros, sino espejos de nuestra mejor versión.

La sociología moderna ha confirmado, con un lenguaje distinto, lo que ya intuían los antiguos. Estudios de la Universidad de Harvard, tras décadas de seguimiento, demostraron que las personas con redes de amistad sólidas no solo viven más años, sino que atraviesan la vejez con mayor serenidad y alegría. Un amigo, dicen los médicos, reduce la presión arterial, fortalece el sistema inmunológico y hasta mitiga el dolor físico. Es curioso: lo que el filósofo llamaba virtud, hoy el neurólogo lo observa en resonancias magnéticas donde se iluminan las áreas cerebrales del placer y la empatía cuando compartimos con un amigo, charlamos o reímos con su buena compañía.

La amistad también ha sido piedra angular en los momentos más duros de la historia. En las trincheras de la Primera Guerra Mundial se acuñó el término "hermandad de armas", que unía a los soldados más allá de banderas y jerarquías. Muchos testimonios cuentan que lo que mantenía vivos a los combatientes no era el patriotismo, sino la certeza de que un amigo en la trinchera los esperaba al amanecer. Incluso en los campos de concentración nazis, como recordó Primo Levi, la amistad fue una de las pocas formas de resistencia moral: compartir un pedazo de pan podía ser la diferencia entre la desesperación absoluta y la esperanza mínima.

Pero la amistad no es solo refugio en la adversidad. También es motor de cultura y creación. Goethe y Schiller, unidos en una amistad literaria fecunda, levantaron el clasicismo alemán; Ortega y Gasset reconocía en sus cartas que necesitaba de la amistad para pensar; José Martí proclamaba que "la amistad es la patria grande del alma". Y Unamuno, siempre desgarrado, escribía que "la verdadera amistad es como la fosforescencia: resplandece mejor cuando todo se ha oscurecido".

Hablar de amistad en el siglo XXI exige enfrentarse a una paradoja. Nunca ha sido tan sencillo sumar amigos —o mejor dicho, *contactos*— y nunca ha sido tan difícil mantenerlos. Platón advertía que la amistad verdadera requería presencia, diálogo y cuidado mutuo. En cambio, hoy hemos delegado gran parte de esas tareas en algoritmos que nos dicen a quién seguir, a quién felicitar y hasta con quién "conectar".

La palabra "amigo" se ha banalizado en las redes sociales, donde basta un clic para otorgar un título que antes costaba años de confianza. ¿Qué queda del concepto clásico de amistad, cuando un amigo de Facebook puede ser alguien a quien jamás hemos estrechado la mano? La sociología habla de "inflación de vínculos": un exceso de conexiones débiles que amenaza con diluir la densidad de los lazos profundos.

Al mismo tiempo, el mundo digital ha abierto posibilidades inéditas. Amistades que nacen en foros, que resisten la distancia de continentes, que se mantienen vivas gracias a la magia de un mensaje instantáneo. Nunca fue tan real la idea de Montaigne: "El alma de mi amigo es la mía". Quizá hoy lo que cambia no es la esencia, sino el medio.

En este libro, nos proponemos recorrer ese largo puente de la amistad: desde Sócrates hasta el presente digital, pasando por mitos antiguos, tratados filosóficos, cartas literarias, testimonios de guerra y hallazgos científicos. La amistad como arte, como resistencia y como necesidad vital. Ramón Llull lo resumió en una imagen luminosa en *El libro del amigo y del amado*: "El amigo verdadero es espejo en que el amado se ve".

PARTE I. ORÍGENES Y MITOS DE LA AMISTAD

Capítulo 1. La amistad en los mitos antiguos

GILGAMESH Y ENKIDU: LA AMISTAD COMO HUMANIZACIÓN

En el principio de la literatura, antes de Homero, antes de la Biblia, encontramos una historia de amistad. No se trata de un simple episodio, sino de uno de los grandes relatos fundacionales de la humanidad: la *Epopeya de Gilgamesh*. Escrita en tablillas de arcilla hace más de cuatro mil años, en la antigua Mesopotamia, esta obra es considerada la primera epopeya literaria de la historia. Y en su corazón late la amistad entre dos hombres: Gilgamesh, rey de Uruk, y Enkidu, un ser nacido de la tierra salvaje.

Al inicio, Gilgamesh aparece como un tirano caprichoso. Su poder absoluto lo convierte en déspota: oprime a su pueblo, humilla a sus súbditos y no conoce límites. Los dioses, compadecidos de los habitantes de Uruk, deciden crearle un igual, alguien que pueda contenerlo. De ese mandato divino surge Enkidu: un hombre cubierto de pelo, criado entre animales, un ser instintivo, libre y salvaje.

Durante un tiempo, Enkidu vive como una bestia entre bestias. Caza con las gacelas, bebe en los ríos con los rebaños, ignora las costumbres humanas. Pero la amistad, como metáfora de la civilización, ya lo espera. Una prostituta sagrada, enviada desde Uruk, lo inicia en la palabra, en el amor humano, en el pan y en el vino. Enkidu comienza a dejar atrás la naturaleza para acercarse a la cultura, comienza su proceso de civilización. Esa transformación lo prepara para el encuentro decisivo: su choque con Gilgamesh.

El primer contacto entre ambos es violento. El rey y el hombre salvaje luchan cuerpo a cuerpo a las puertas de Uruk, como dos fuerzas opuestas que pugnan por imponerse. Pero en lugar de enemistad, de esa lucha nace algo inesperado: respeto, reconocimiento y, finalmente, amistad. Gilgamesh, por primera vez, encuentra un igual; Enkidu, por primera vez, un compañero. Es el nacimiento del amigo verdadero: aquel que equilibra, que frena los excesos, que humaniza y es un poco reflejo del otro.

La amistad entre Gilgamesh y Enkidu no es un simple adorno narrativo: es el núcleo de la epopeya. Juntos emprenden aventuras heroicas, derrotan monstruos, atraviesan bosques y vencen a gigantes. Pero la historia alcanza su clímax con la tragedia: la muerte de Enkidu. El amigo salvaje, enfermo por voluntad de los dioses, se apaga lentamente mientras Gilgamesh llora desconsolado. El rey invencible, que no temía a nada, descubre de pronto la herida más profunda: la finitud.

La muerte de Enkidu es, en realidad, el inicio del viaje de Gilgamesh. Sin su amigo, el héroe se enfrenta al miedo a la muerte, emprende una búsqueda desesperada de la inmortalidad y se encuentra, finalmente, con la gran lección: los hombres no pueden vencer a la muerte, pero sí pueden dejar huella en la memoria de los otros. La amistad, en ese sentido, es la primera victoria contra el olvido.

Este mito nos revela algo esencial: la amistad no es solo un lazo afectivo, sino una experiencia transformadora, una amistad te influye y te cambia. Enkidu domestica a Gilgamesh, lo convierte en un hombre justo; Gilgamesh da sentido a la existencia de Enkidu, elevándolo de la naturaleza a la cultura. Juntos encarnan la doble cara de la condición humana: fuerza y vulnerabilidad, arrogancia y ternura.

Los sociólogos modernos hablarían aquí de la amistad como "humanización del poder": el amigo verdadero no es el adulador que nos engrandece, sino el que nos detiene, nos corrige, nos muestra nuestros límites. Y los psicólogos añadirían que la muerte de un amigo es, con frecuencia, el duelo más doloroso, porque no se pierde solo a una persona, sino a la parte de uno mismo que ese amigo reflejaba.

El mito de Gilgamesh y Enkidu sigue siendo actual porque nos recuerda que el ser humano necesita al otro para descubrirse. La soledad del poder absoluto convierte al rey en monstruo; la compañía de un amigo lo devuelve a la humanidad. Muy a propósito de esto, escribió el antropólogo Claude Lévi-Strauss: "la amistad es el primer pacto social, más antiguo que las leyes y más fuerte que la sangre".

Gilgamesh aprendió tarde que su grandeza no residía en sus conquistas, sino en haber amado a un amigo. Y quizá ese sea también nuestro aprendizaje: que la amistad, invisible y frágil, es la obra más duradera de la vida humana.

AQUILES Y PATROCLO: HEROÍSMO Y AMOR FRATERNO EN LA GUERRA

Entre los versos ardientes de la *Ilíada*, obra atribuida a Homero, emerge una de las amistades más célebres y enigmáticas de la historia: la de Aquiles y Patroclo. Allí, entre lanzas, carros y muros derruidos, se dibuja un lazo que ha fascinado a poetas, filósofos y lectores durante casi tres milenios.

Aquiles es presentado como el héroe absoluto: el más veloz, el más fuerte, el casi invulnerable. Su destino es la gloria, pero también la muerte temprana y la inmortalidad que da la gloria, el recuerdo de su hazaña. Patroclo, en cambio, no destaca por la fuerza ni por la fama, sino por una cualidad distinta: la ternura y la compasión. Los dos se conocen desde jóvenes, educados en la misma casa, formados en la misma guerra. La tradición posterior debatirá la naturaleza exacta de su vínculo: ¿eran amigos íntimos, hermanos de armas, amantes? Los antiguos griegos no trazaban las fronteras rígidas que hoy nos obsesionan entre amistad y amor: lo importante no era el nombre del vínculo, sino la fuerza que irradiaba.

Lo cierto es que, en la *Ilíada*, Patroclo es el único capaz de apaciguar la cólera de Aquiles. Cuando el héroe se retira de la batalla ofendido por Agamenón, ningún argumento logra convencerlo de regresar, salvo la súplica de Patroclo. Y cuando éste, conmovido por la masacre de los aqueos, pide entrar en combate usando la armadura de Aquiles, el destino queda sellado. Patroclo cae a manos de Héctor, príncipe de Troya, y con él cae también el corazón de Aquiles. El lamento de Aquiles por su amigo muerto es uno de los pasajes más conmovedores de toda la literatura. Dice Homero: "Así habló, y en sus entrañas despertó un dolor terrible; llenóse de ceniza con las manos, la negra cabellera arrancaba y cubría con ella su rostro. El suelo se ensangrentaba con su llanto".

El héroe invencible se derrumba. Ni los dioses ni la gloria pueden aliviarlo. Descubre que la muerte de un amigo duele más que cualquier herida física. Y esa herida, paradójicamente, lo impulsa de nuevo a la batalla: Aquiles regresa a la guerra no por deber ni por ambición, sino por amor a Patroclo. En su venganza contra Héctor, la épica se tiñe de tragedia.

Filósofos y poetas han visto en este episodio una lección sobre el poder transformador de la amistad. Platón, en su *Banquete*, menciona a Aquiles como ejemplo de aquel que está dispuesto a morir por su amigo. Para los griegos, la grandeza del héroe no estaba solo en su fuerza, sino en su capacidad de sacrificio. Desde una perspectiva sociológica, Aquiles y Patroclo representan la "amistad de la guerra", esa hermandad forjada en el combate que convierte al compañero de armas en algo más que un aliado: en una extensión del propio ser. Siglos más tarde, en las trincheras de Verdún o en los diarios de los soldados de Vietnam, reaparece el mismo sentimiento: luchar no por abstracciones como la patria, sino por el hombre que está al lado, el que comparte el frío, el miedo y el pan escaso.

En clave literaria, el vínculo entre Aquiles y Patroclo ha sido interpretado de mil maneras. Shakespeare los retrató en *Troilo y Crésida* con tonos ambiguos; Mary Renault los convirtió en pareja amorosa en su novela *El muchacho persa*; y en el siglo XXI, Madeline Miller volvió a narrar su historia en *La canción de Aquiles*, explorando la dimensión erótica y afectiva del mito. Esta pluralidad de lecturas demuestra la riqueza de la amistad homérica: no cabe en una sola categoría, trasciende las etiquetas modernas.

Lo esencial es que Homero nos muestra la amistad como fuerza capaz de doblegar al más poderoso. Aquiles, invencible frente a los muros de Troya, se rinde ante la ausencia de Patroclo. El héroe que todos temen revela, en la intimidad de su duelo, que la verdadera vulnerabilidad humana no está en el talón, sino en el corazón. La *Ilíada* enseña, así, que la amistad puede ser tan épica como la guerra misma. Y que, a veces, el mayor acto heroico no es vencer al enemigo, sino amar a un amigo hasta el extremo.

DAVID Y JONATÁN: ALIANZA BÍBLICA Y LEALTAD SIN CONDICIONES

En la tradición bíblica pocas amistades han sido tan célebres y tan cargadas de misterio como la de David y Jonatán. No se trata solo de una anécdota dentro de las Escrituras, sino de un lazo que ha desafiado siglos de interpretación: ¿compañerismo político?, ¿amistad pura?, ¿amor profundo? El texto bíblico, con su habitual sobriedad, deja abiertas múltiples lecturas, pero en todas ellas resplandece la idea de la amistad como pacto indestructible.

La historia se sitúa en un momento de tensiones y transiciones. Saúl, primer rey de Israel, gobierna con mano firme, pero comienza a ser desplazado por la figura ascendente de David, el joven pastor que derrota al gigante Goliat y conquista la admiración del pueblo. En este contexto de rivalidades y celos, ocurre lo inesperado: el hijo del rey, Jonatán, establece con David un vínculo de profunda amistad. El libro de Samuel lo narra con palabras inolvidables: "Y aconteció que cuando él acabó de hablar con Saúl, el alma de Jonatán quedó ligada con la de David, y lo amó Jonatán como a sí mismo" (1 Samuel 18:1).

No es un detalle menor: Jonatán, heredero al trono, debería ver en David a un enemigo. Sin embargo, elige la lealtad del amigo por encima de la ambición dinástica. Le entrega sus armas, su túnica, su cinturón: símbolos de renuncia al poder en favor del afecto. Esa escena encierra una paradoja política y humana: la amistad aparece aquí como fuerza que rompe las jerarquías y subvierte la lógica del poder.

Cuando Saúl, presa de los celos, decide matar a David, es Jonatán quien lo advierte, quien intercede, quien arriesga su lugar en la corte para salvarlo. Su lealtad se muestra no como un gesto ocasional, sino como un compromiso total. En otra ocasión, al despedirse, ambos se abrazan y lloran juntos. Dice el texto: "David lloró más que Jonatán" (1 Samuel 20:41). Esa intensidad emotiva ha sido interpretada durante siglos como prueba de una amistad ejemplar, aunque también —en lecturas más modernas— como un vínculo que pudo rozar el amor romántico o la relación homosexual. Sea cual sea la interpretación, lo que brilla es la absoluta sinceridad del lazo.

Tras la muerte de Jonatán, caído en combate junto a su padre Saúl, David entona un lamento que aún conmueve: "Angustia tengo por ti, hermano mío Jonatán; me fuiste muy dulce. Más maravilloso me fue tu amor que el amor de las mujeres" (2 Samuel 1:26).

Ese verso, tantas veces citado, abre un campo de interpretaciones. Para algunos, es el testimonio de una amistad llevada al extremo de la ternura, un amor espiritual y fraterno que supera incluso las pasiones carnales. Para otros, refleja una relación amorosa que los códigos antiguos expresaban de manera distinta a como lo hacemos hoy. Lo cierto es que la *Biblia* coloca en labios de David una frase que trasciende cualquier etiqueta: el amor-amistad de Jonatán fue incomparable.

Desde un punto de vista filosófico, este episodio nos recuerda la idea aristotélica del "amigo como otro yo": Jonatán y David se ven reflejados el uno en el otro, hasta el punto de desafiar la lógica del poder y de la sangre. Desde lo sociológico, muestra cómo la amistad puede convertirse en un pacto que atraviesa y desafía las estructuras políticas, ofreciendo una lealtad más fuerte que los intereses dinásticos. Y desde lo espiritual, encarna la visión bíblica de la amistad como alianza sagrada, casi un eco del pacto de Dios con su pueblo.

El relato de David y Jonatán sigue fascinando porque plantea una verdad incómoda: que la amistad verdadera puede ser más poderosa que la ambición, más profunda que los vínculos familiares y más duradera que la gloria. En un mundo donde las lealtades suelen comprarse o romperse con facilidad, la historia de estos dos hombres resuena como un himno a la fidelidad sin condiciones. Escribió el pensador español Miguel de Unamuno: "el verdadero amigo es aquel que, a pesar de saberlo todo de ti, sigue estando a tu lado". Jonatán lo demostró con su vida. Y David, al llorar su muerte, confirmó que la amistad puede ser la más dulce y la más dolorosa de las pasiones humanas.

Capítulo 2. Sócrates, Platón y Aristóteles: los primeros teóricos del amigo

La philia en los diálogos platónicos: amistad, deseo y verdad

Cuando pensamos en la amistad en la Antigüedad, inevitablemente se nos aparecen las siluetas de Sócrates y Platón conversando bajo la luz del ágora. No es casual: la filosofía occidental nació de un diálogo entre amigos, de la búsqueda de la verdad en común. La palabra griega *philia*, que solemos traducir como "amistad", encierra una riqueza que el castellano apenas alcanza a sugerir. Significa afecto, vínculo, amor sin la connotación erótica de *eros* ni la universalidad espiritual de *ágape*. Es la trama invisible de relaciones que sostiene la vida social y personal.

Platón dedicó varias de sus obras a interrogarse sobre la naturaleza de la *philia*. En el diálogo *Lisis*, Sócrates se sienta a conversar con dos jóvenes, Lisis e Hipotales, y les pregunta: ¿qué es la amistad?, ¿amamos al amigo por lo que nos asemeja o por lo que nos falta?, ¿es amigo el que nos beneficia o el que nos acompaña sin esperar nada? Como en tantas preguntas socráticas, la conversación no llega a una definición cerrada, pero despliega el abanico de posibilidades que aún hoy nos intrigan.

En el *Banquete*, Platón enriquece aún más la cuestión al explorar la relación entre *eros* (el deseo erótico) y *philia* (la amistad). Sócrates narra allí la enseñanza de la sacerdotisa Diotima: el amor comienza con el deseo del cuerpo, pero se eleva progresivamente hacia el amor por las almas, luego por el conocimiento y finalmente por la contemplación de la belleza en sí misma. El amor y la amistad se convierten en escalera hacia la verdad. De este modo, el amigo no es solo un compañero de placeres o aventuras, sino un guía en la ascensión espiritual.

Lo interesante es que Platón nunca trazó una frontera rígida entre amistad y amor. Para él, el amigo es a la vez objeto de deseo, interlocutor intelectual y reflejo del alma. Esa ambigüedad ha dado lugar a siglos de debate: ¿eran las amistades entre hombres griegos esencialmente amorosas, filosóficas, políticas? Probablemente eran todo eso a la vez. En la Grecia clásica, la amistad podía abarcar lo que hoy fragmentamos en categorías distintas: camaradería, afecto romántico, fraternidad espiritual.

Sócrates, con su ironía habitual, insistía en que el amigo es aquel que nos obliga a pensar, que no nos halaga sino que nos cuestiona. En el diálogo *Fedro*, se discute si es mejor amar con pasión (*eros*) o mantener la amistad serena (*philia*). Sócrates concluye que el verdadero amor-amistad es aquel que conduce al bien y a la verdad, y que solo se revela plenamente en la conversación, en el diálogo vivo. En otras palabras: la amistad es, para los griegos, un ejercicio de filosofía compartida.

El valor que Platón concede a la *philia* puede rastrearse incluso en la palabra "filosofía". Ser filósofo no es ser sabio, sino "amigo de la sabiduría" (*philos-sophia*). La filosofía misma se define como un vínculo amistoso con el conocimiento, un amor sin posesión, un deseo que nunca se sacia. En este sentido, cada lector que abre un libro de Platón entra en un círculo de amistad extendido a lo largo de los siglos: somos amigos de quienes buscan la verdad junto a nosotros.

La dimensión sociológica de esta concepción no debe subestimarse. En una polis como Atenas, donde el ciudadano era ante todo un ser político, la amistad era el cemento de la vida pública. No se trataba únicamente de relaciones privadas, sino de la base de las alianzas, de la cooperación, de la confianza en los asuntos comunes. El amigo no era solo alguien con quien compartir confidencias, sino un socio en la construcción de la ciudad.

Así, los diálogos platónicos nos legan una visión amplia de la amistad:

- Es deseo (*eros*) elevado hacia la verdad.
- Es afinidad (*philia*) que crea comunidad.
- Es camino compartido hacia la belleza.

De ahí que, para Platón, la amistad no fuera un sentimiento menor o accesorio, sino uno de los pilares de la existencia filosófica y política. Como señalaría más tarde Cicerón, heredero de estas ideas: "la amistad multiplica las alegrías y divide las penas".

ARISTÓTELES: LA AMISTAD PERFECTA COMO VIRTUD SUPREMA

Aristóteles, con la claridad que lo caracterizaba, fue uno de los primeros en situar la amistad en el centro de la buena vida o vida plena. No la trató como un sentimiento accesorio, sino como una virtud imprescindible para la existencia humana. En la *Ética a Nicómaco* lo dice con una sentencia que resuena aún con fuerza: "Sin amigos, nadie querría vivir, aunque poseyera todos los demás bienes". Con esto declaraba que la riqueza, la fama o incluso la salud resultan insuficientes si no hay alguien con quien compartirlas. Y la ciencia moderna parece darle la razón: los estudios más prolongados sobre la felicidad humana, como el famoso *Harvard Study of Adult Development*, han demostrado que las amistades sólidas contribuyen mejor a la salud y a la longevidad que cualquier otro factor, incluidos el estatus económico o la genética.

Para Aristóteles, sin embargo, no todas las amistades son iguales. Estableció una tipología que, veinticuatro siglos después, seguimos reconociendo en nuestra vida cotidiana. Hay amistades por *utilidad*, aquellas que nacen del interés: el comerciante que trata con su cliente, el político que cultiva aliados. Son vínculos frágiles, que se rompen al desaparecer la ventaja. Están también las amistades por *placer*, típicas de la juventud, cuando se comparte la alegría de jugar, reír, conversar o salir de aventuras. Pero estas también son inestables, porque dependen del gusto y el gusto cambia con los años. Finalmente, en la cima de la escala, Aristóteles coloca la *amistad por virtud*, la más rara y preciosa de todas: aquella en la que dos personas se quieren por lo que son en sí mismas, no por lo que aportan. Esa amistad —dice— "dura tanto como la virtud misma, y la virtud es algo estable".

Aquí Aristóteles introduce una idea luminosa: el amigo verdadero no es quien adula, sino quien refleja lo mejor de nosotros y nos ayuda a ser mejores personas. "El amigo es otro yo", afirmó con rotundidad. El amigo no nos anula, no nos sustituye, sino que amplía nuestro horizonte, nos muestra un espejo donde aparece tanto lo que somos como lo que podríamos llegar a ser. Es una visión exigente, porque no basta con compartir afecto: la amistad perfecta requiere tiempo, constancia y un compromiso mutuo de virtud y entrega al otro. Se cultiva como un huerto, con cuidado diario y paciencia.

Lo notable en Aristóteles es que no se detiene en la esfera íntima. La amistad, para él, es también el fundamento de la vida política. "La amistad parece mantener unidas a las ciudades, y los legisladores parecen preocuparse más por ella que por la justicia", escribe. La frase resulta sorprendente: ¿cómo puede ser más importante la amistad que la justicia? La explicación es clara: la justicia establece límites, distribuye, corrige; pero la amistad genera confianza, cohesiona y da sentido a la comunidad. Una polis sin amistad sería un conjunto de extraños unidos solo por la ley; con amistad, en cambio, se convierte en una comunidad de ciudadanos.

En esto se adelantaba siglos a lo que hoy llamaríamos capital social: esa red de vínculos de confianza que permite que las sociedades funcionen. Aristóteles entendió que las ciudades no sobreviven por la coerción de las normas, sino porque los ciudadanos confían los unos en los otros, porque saben que hay vínculos más allá del interés inmediato.

Incluso el hombre más autosuficiente, insiste Aristóteles, necesita de amigos. El sabio, el filósofo contemplativo, podría parecer bastarse con su pensamiento. Sin embargo, hasta él requiere compartir la vida. "¿Qué utilidad tendría una abundancia de bienes si careciéramos de amigos con quienes compartirlos?", se pregunta.

El bien, añade, es más pleno cuando se reparte. En esta afirmación late una intuición que atraviesa los siglos: lo que no se comparte se marchita, lo que se da se multiplica.

La influencia de esta concepción fue enorme en los siglos posteriores. Cicerón, heredero de Aristóteles, lo expresó en su *De Amicitia* con palabras casi musicales: "La amistad multiplica las alegrías y divide las penas". En tiempos modernos, Unamuno lo repetiría a su modo: "La verdadera amistad es como la fosforescencia, resplandece mejor cuando todo se ha oscurecido". Y José Martí, con su fervor característico, escribió: "La amistad es la patria grande del alma". Todas estas voces no hacen sino prolongar la intuición aristotélica: que el amigo verdadero es una luz en la existencia, algo inherente a nuestra condición humana.

Aristóteles nos enseñó a desconfiar de las amistades fáciles y fugaces, esas que se evaporan con los cambios de conveniencia o de humor. Su mirada nos invita a distinguir entre lo pasajero y lo esencial, a no confundir contactos con compañeros, ni placeres compartidos con la rara y noble amistad de quienes se desean el bien por sí mismos. Su lección es, al mismo tiempo, ética y vital: la amistad perfecta no es un regalo del azar, sino un arte que exige tiempo, virtud, cuidado, generosidad. En un mundo donde las relaciones se multiplican y se desgastan con la velocidad de un clic, su voz antigua resuena con fuerza renovada: ser amigo, en el sentido más alto, sigue siendo la forma suprema de virtud.

El amigo como "otro yo"

Pocas frases han tenido tanta fortuna en la historia del pensamiento como aquella de Aristóteles: "El amigo es otro yo". Breve, rotunda y luminosa, resume lo que el filósofo veía como la esencia de la amistad perfecta: un vínculo en el que reconocemos en el otro una prolongación de nuestra propia alma. No se trata de dependencia ni de fusión, sino de reciprocidad. El amigo no es un espejo que nos repite, sino un reflejo que nos devuelve lo que somos y, al mismo tiempo, lo que podríamos llegar a ser.

En la *Ética a Nicómaco* Aristóteles explica que el amigo "es quien desea y hace el bien a otro en cuanto es otro". En esa pequeña frase se condensa una revolución: el verdadero amigo no busca su interés, sino el bien del otro, y lo hace no por utilidad o placer, sino porque ese otro se le ha vuelto tan valioso como su propio ser. Así, la amistad perfecta es una forma de amor desinteresado, un reconocimiento mutuo que, al unir dos vidas, multiplica el sentido de ambas. De ahí que Aristóteles llegara a afirmar que la amistad es incluso más necesaria que la justicia para la vida social. Donde hay amistad, la justicia se vuelve casi superflua, porque quien ama como a sí mismo al amigo no necesita leyes que lo obliguen a respetarlo. En palabras del filósofo: "Cuando los hombres son amigos, ninguna necesidad hay de justicia; pero aun siendo justos, necesitan de la amistad". La amistad, pues, es anterior y superior a las leyes, porque no nace de la obligación, sino de la libertad.

Esta idea del amigo como "otro yo" reaparece una y otra vez en la historia del pensamiento y la literatura. Michel de Montaigne, en el Renacimiento, la hizo carne en sus páginas al hablar de su amistad con Étienne de La Boétie: "Si se me apremiara a decir por qué lo amaba, siento que no podría expresarlo, sino respondiendo: porque era él, porque era yo". En esa frase late la misma intuición aristotélica: el amigo es inseparable de mi identidad y quererlo es una manera de quererme a mí, de multiplicarme en otro.

También los poetas han sabido reconocer ese desdoblamiento que la amistad ofrece. Goethe, en una carta a su amigo Schiller, confesaba: "En ti encuentro el otro yo que me completa, y cuando escribo contigo, siento que no estoy solo". Incluso la literatura épica se construye sobre esta noción: ¿qué es Sancho Panza para Don Quijote, sino el "otro yo" que lo equilibra, lo contradice y lo salva de sí mismo? A lo largo del Don Quijote se produce el proceso de quijotización de Sancho y de sanchificación de Don Quijote, en el que sus mundos se contaminan e influyen al punto de que Sancho se hace más fantasioso y Don Quijote más realista. Este proceso es típico de la amistad, donde al cabo de los años ninguno de los dos amigos es el mismo por la influencia que ejercen el uno sobre el otro.

La psicología contemporánea confirma lo que ya intuyeron los antiguos. Los estudios sobre identidad y desarrollo personal muestran que los amigos actúan como "espejos sociales": reflejan nuestros rasgos, nos ayudan a reconocer defectos, a potenciar virtudes y a validar nuestra experiencia. En cierto modo, no podemos saber quiénes somos sin la mirada de los otros. Y entre todas las miradas, la del amigo es la más generosa y la más honesta. Así, la frase aristotélica trasciende los siglos porque habla de algo universal: la amistad verdadera no consiste en perderse en el otro, sino en encontrarse a través de él. El amigo es ese "otro yo" que nos enseña a vivir mejor, que nos acompaña no para sustituirnos, sino para hacernos más plenos.

Capítulo 3. Roma y el ideal de Cicerón

DE AMICITIA: EL TRATADO CLÁSICO

Cuando la filosofía griega viajó a Roma, lo hizo como una semilla que, al caer en otro suelo, dio frutos distintos. Los romanos, más prácticos que los griegos, tendieron a traducir la especulación filosófica en consejos de vida, en normas morales y políticas. Y en ningún caso esa transposición fue tan influyente como en el *Laelius de amicitia*, el célebre tratado que Marco Tulio Cicerón dedicó a la amistad en el año 44 a. C., poco después del asesinato de Julio César.

La obra se presenta como un diálogo, un género heredado de Platón, pero en ella resuena con fuerza la voz de Cicerón, preocupado por el derrumbe de la República y la traición de los antiguos aliados. A través de Lelio, amigo del gran general Escipión Emiliano, reflexiona sobre la naturaleza de la amistad y su papel en la vida privada y pública. No es casual: Cicerón sabía, por experiencia, que la política romana se sostenía tanto en pactos de amistad como en alianzas de poder.

Desde las primeras páginas, formula una idea que habría de convertirse en un lugar común de la cultura occidental: "La amistad no puede existir sino entre los buenos". Para Cicerón, los malos podrán aliarse por interés, pero solo los hombres rectos, guiados por la virtud, pueden ser verdaderos amigos. Aquí retoma a Aristóteles, pero lo reviste de un tono romano, más moral que especulativo, más preocupado por la ética cotidiana que por la metafísica.

El tratado está lleno de frases que han sobrevivido como máximas:

- "La amistad multiplica las alegrías y divide las penas."
- "La amistad consiste en querer lo mismo y rechazar lo mismo."
- "No hay nada más noble, nada más útil, nada más dulce, nada más digno del hombre libre que la amistad."

En cada una de estas sentencias late la convicción de que la amistad es un bien en sí misma, pero también una fuerza civilizadora. Para Cicerón, los amigos no solo se buscan por consuelo personal, sino porque constituyen la base de la comunidad política. Roma se sostiene en el entramado invisible de sus amistades: el amigo es aliado, consejero, confidente y compañero en la virtud.

Lo fascinante de este tratado es que lo escribió en un momento de pérdida. Escipión Emiliano, el héroe de Numancia y Cartago, había muerto; Lelio, su amigo, es presentado como un hombre que medita sobre el valor de la amistad cuando ya no puede disfrutarla. Cicerón, de ese modo, convierte su obra en una elegía tanto como en un manual. El lector percibe la nostalgia de alguien que, en un mundo en ruinas, encuentra en la amistad un refugio contra la inestabilidad política.

No faltan en el *De Amicitia* advertencias contra las falsas amistades, las que nacen de la adulación o el interés. Cicerón insiste en que el verdadero amigo no halaga, sino que corrige, incluso cuando duele. "El amigo es el que dice la verdad sin miedo", afirma. Una idea que enlaza con la máxima socrática de que el amigo es quien nos ayuda a buscar la verdad, no quien nos encubre el error.

El tratado tuvo una influencia descomunal en su época y en siglos posteriores. Durante la Edad Media se copiaba en monasterios y en el Renacimiento se leía como libro de cabecera de los humanistas. Montaigne lo cita con frecuencia, Séneca lo prolonga en sus cartas y, siglos después, hasta Thomas Jefferson lo recomendaba a sus amigos como guía moral. La amistad, gracias a Cicerón, se convirtió en un tema central del pensamiento europeo, no solo como emoción privada, sino como virtud cívica.

En tiempos de conspiraciones y traiciones, Cicerón eligió escribir sobre la amistad como un acto de resistencia moral. En el fondo, sabía que una república puede sobrevivir a guerras, pero no a la pérdida de la confianza entre amigos. Quizá por eso, su tratado clásico sigue hablándonos hoy con la misma claridad que entonces: la amistad es, a la vez, refugio del individuo y fundamento de la comunidad.

AMISTAD Y POLÍTICA EN TIEMPOS CONVULSOS

Hablar de amistad en Roma era hablar también de política. En una sociedad donde la *res publica* dependía tanto de alianzas personales como de instituciones, la palabra *amicitia* designaba no solo la unión íntima entre individuos, sino también la red de pactos y compromisos que sostenía la vida pública. La amistad era afecto, pero también estrategia: un equilibrio siempre precario entre lealtad personal y conveniencia política.

Cicerón lo sabía muy bien. Su vida fue un ir y venir de amistades sinceras y amistades peligrosas y traidoras. Como cónsul y hombre de letras, se vio obligado a tejer lazos con hombres poderosos como Pompeyo o Julio César, vínculos que en apariencia podían parecer amistosos, pero que en realidad eran frágiles, más cercanos a lo que Aristóteles llamaría "amistades por utilidad" que a la virtud. En sus cartas, Cicerón confiesa la incomodidad de vivir rodeado de aliados que podían convertirse en enemigos de un día para otro. De ahí su insistencia en que la verdadera amistad solo puede existir entre los buenos, aquellos que comparten principios firmes, más allá del vaivén de las circunstancias.

El *De Amicitia*, escrito tras el asesinato de César y en plena descomposición de la República, es una obra que respira desencanto. La política romana se había transformado en un escenario de conspiraciones y traiciones, donde la palabra amigo se usaba con facilidad, pero rara vez se cumplía en la práctica. Marco Antonio se llamaba "amigo" de César y, sin embargo, estaba dispuesto a negociar con sus asesinos. Catilina buscó cómplices entre los suyos para destruir a la propia Roma. El aire estaba impregnado de la sospecha de que las amistades eran máscaras para encubrir intereses.

En este contexto, las reflexiones de Cicerón suenan casi como una advertencia. "Nada es más difícil que encontrar un amigo perfecto", escribe, "pues para serlo ha de ser constante, leal, franco, desinteresado". Frente al deterioro de la vida política, Cicerón propone la amistad como un ideal moral que rescata al hombre de la corrupción. Su tratado no es solo un elogio sentimental: es una especie de manifiesto ético contra la decadencia.

El ideal ciceroniano de amistad cívica se convirtió en un modelo que siglos después inspiró a los humanistas del Renacimiento y a los ilustrados europeos. Montaigne lo citaba con entusiasmo, convencido de que "la amistad perfecta ennoblece hasta los actos más simples". Y Rousseau, en pleno siglo XVIII, retomó la idea de que la amistad sincera es indispensable para fundar una comunidad libre.

Vista desde hoy, la Roma de Cicerón parece recordarnos un dilema contemporáneo: ¿cómo sostener la confianza en tiempos convulsos, cuando la política parece dominada por intereses y traiciones? La respuesta de Cicerón sigue vigente: el verdadero amigo no es el que conviene, sino el que se mantiene cuando todo se tambalea, pese a las dificultades. La amistad auténtica se convierte así en un refugio frente al poder y, al mismo tiempo, en la base de cualquier república que aspire a perdurar.

Séneca: amistad estoica frente a la adversidad

Si Cicerón elevó la amistad a ideal cívico, Séneca, un siglo después, la convirtió en refugio íntimo frente a la inestabilidad de la vida. Filósofo estoico, consejero de emperadores y testigo de un Imperio convulso, él halló en la amistad no solo un tema de reflexión moral, sino también un sostén vital. Sus *Epístolas morales a Lucilio* son quizá el testimonio más hermoso de cómo el pensamiento puede nacer de un diálogo amistoso.

A diferencia de los griegos, que debatían sobre la naturaleza abstracta de la *philia*, Séneca escribe a su amigo Lucilio como quien confiesa y aconseja al mismo tiempo. No busca definiciones, sino compañía. Cada carta es un ejercicio de amistad filosófica: comparte lecturas, reflexiona sobre la brevedad de la vida, exhorta a cultivar la virtud y, al hacerlo, transforma el género epistolar en un espacio de intimidad intelectual. "Cuando te escribo —le confiesa—, no siento que te envíe cartas, sino que esté contigo en persona."

El estoicismo, con su insistencia en la autosuficiencia, podría parecer contrario a la necesidad de amigos. Sin embargo, Séneca resuelve esta paradoja de forma brillante: el sabio puede bastarse a sí mismo, pero elige tener amigos porque la virtud se expande en compañía. "El sabio se basta a sí mismo, pero desea tener un amigo, y lo quiere no para pasar el tiempo, sino para ejercitar la amistad." El compañero no es una muleta, sino una ocasión para practicar la generosidad, la paciencia y la verdad.

Para Séneca, el valor del amigo se revela sobre todo en la adversidad. No es el camarada de festines quien merece tal nombre, sino aquel que permanece en el naufragio. "La prosperidad muestra a los amigos, la adversidad los prueba", escribió, anticipando un proverbio que la experiencia universal ha confirmado. En un Imperio donde la fortuna cambiaba de un día para otro —hoy consejero del César, mañana condenado al exilio o la muerte—, la amistad se convertía en el único terreno firme.

Su propia vida ilustra esta enseñanza. Obligado a suicidarse por orden de Nerón, Séneca se despidió de sus amigos con serenidad estoica, animándolos a recordar su ejemplo más que a llorar su partida. Esa escena, narrada por Tácito, se convirtió en símbolo de una filosofía vivida hasta el final: la amistad no era un adorno, sino la red invisible que sostenía al sabio en la última prueba.

En Séneca la amistad adquiere un matiz de resistencia interior. No depende de banquetes ni alianzas políticas, sino de la verdad compartida entre dos almas que buscan la virtud. Su correspondencia con Lucilio no solo transmitió ideas filosóficas, sino un modelo de amistad intelectual que inspiraría a generaciones posteriores, desde Petrarca hasta Montaigne. Como escribió en una de sus cartas más célebres: "Vive con tu amigo como si hubieras de vivir sin él, y con tu enemigo como si hubieras de vivir con él". Paradoja brillante que resume su sabiduría estoica: el amigo verdadero no es posesión, sino libertad, y su presencia nos prepara, con dulzura y firmeza, para enfrentar lo inevitable.

PARTE II. ESPIRITUALIDAD, FE Y HUMANISMO

Capítulo 4. Amistad y religiones

En el siglo IV, cuando el Imperio romano se tambaleaba entre decadencia y renacimiento cristiano, un joven llamado Agustín de Hipona experimentó una de las pérdidas más dolorosas de su vida: la muerte de un amigo de juventud. Esa herida, que narra con extraordinaria sinceridad en sus *Confesiones*, es uno de los testimonios más hondos sobre la fragilidad de la amistad y la vulnerabilidad del alma humana.

Agustín recuerda a ese compañero anónimo con el que compartió juegos, conversaciones y sueños en la adolescencia. Era una amistad pura y apasionada, de esas que llenan de luz la juventud. Pero el joven cayó enfermo y tras recibir el bautismo en medio de la agonía, murió dejando a Agustín sumido en la desesperación. El filósofo confiesa: "Mi alma estaba oscura de dolor, y dondequiera que miraba veía la muerte. Todo lo que contemplaba era como una sombra". La pérdida lo trastornó hasta tal punto que la ciudad de Tagaste, donde vivía, se le volvió insoportable, porque cada rincón le recordaba al amigo ausente.

Ese dolor, sin embargo, fue también un giro espiritual. Agustín se dio cuenta de que había amado a su amigo "como si no hubiera de morir nunca", entregándole el corazón de manera absoluta. La muerte le mostró, con brutalidad, la precariedad de los afectos humanos. En sus propias palabras: "Así ocurrió que mi alma, que estaba hecha una sola con la suya, se desgarró en pedazos". Esta experiencia lo llevó a preguntarse si toda amistad terrenal estaba condenada al sufrimiento y si el único amor eterno era el que se dirigía a Dios.

La visión cristiana de Agustín transforma el sentido clásico de la amistad. Para los griegos y romanos, el amigo era un reflejo del propio yo; para Agustín, la amistad auténtica debía enraizarse en Dios para escapar de la muerte. "Bienaventurado el que ama en ti, amigo, y a su amigo en ti, y a su enemigo en ti", escribe. La amistad, así, se convierte en comunión espiritual: no basta amar al otro por lo que es, sino por lo que ambos comparten en la eternidad divina.

No obstante, lo fascinante en Agustín es que no idealiza el dolor. Reconoce la herida, el vacío, la desesperación que provoca la pérdida de un amigo. Esa confesión lo acerca a cualquier lector, porque antes de elevarse a las alturas teológicas, habla como un ser humano desarmado ante la muerte. Su grito resuena con una cercanía casi contemporánea: quien ha perdido a un amigo sabe que el mundo entero parece derrumbarse.

La influencia de estas páginas fue enorme en la tradición cristiana. Monjes medievales, místicos y teólogos encontraron en Agustín la confirmación de que la amistad humana es un camino hacia Dios, siempre que no se convierta en idolatría. Pero, al mismo tiempo, los lectores modernos descubrimos en sus palabras una confesión desnuda que trasciende credos: el reconocimiento de que amar es arriesgarse a sufrir, y que la amistad, precisamente porque es intensa, deja cicatrices imborrables porque está cimentada en el amor.

Agustín nunca olvidó a su amigo. Su muerte fue para él lección y herida, duelo y revelación. En sus páginas nos enseña que la amistad es un don precioso y frágil, y que su pérdida nos enfrenta a la finitud humana. Y aunque su respuesta fue volcar ese amor en Dios, lo que permanece en la memoria del lector no es solo la teología, sino la emoción sincera de un hombre que lloró como todos lloramos: con la certeza de que, al perder a un amigo, se nos va también una parte de nuestra propia alma.

Ramón Llull y *El libro del amigo y del amado*

Si en San Agustín la amistad se convierte en un doloroso recordatorio de la fragilidad humana y un impulso hacia Dios, en Ramón Llull —el mallorquín del siglo XIII que quiso ser filósofo, poeta, místico y misionero— la amistad alcanza una expresión radicalmente espiritual: se convierte en la metáfora más íntima del alma en relación con lo divino.

Su célebre obra *El libro del amigo y del amado* no es un tratado sistemático, sino una sucesión de breves sentencias, parábolas y poemas en prosa, inspirados en la tradición sufí y en la lírica trovadoresca. Allí, Llull imagina al "Amigo", que representa al alma humana, y al "Amado", que simboliza a Dios, en un diálogo de amor y búsqueda incesante. "Dijo el Amigo: ¿Dónde estás, Amado, que no te veo? Respondió el Amado: Estoy en tu corazón, y por eso no me ves". En esa breve estampa se condensa toda la experiencia mística: Dios está tan íntimamente presente que el alma, cegada por su propia inquietud, no logra reconocerlo.

Para Llull, la amistad con Dios es absoluta, apasionada y, a menudo, dolorosa. El Amigo llora por la ausencia del Amado, se consume en deseo y se entrega sin reservas. Este lenguaje, que recuerda tanto al *Cantar de los Cantares* bíblico como a la poesía sufí de Rumi, convierte la amistad en una llama ardiente que trasciende lo meramente humano. La experiencia amorosa que en la lírica provenzal era terrenal y cortesana, Llull la eleva a la esfera mística: amar a Dios es la forma suprema de amistad.

Sin embargo, lo interesante es que Llull no borra la dimensión humana del vínculo. Su idea de la amistad divina no anula la amistad terrenal, sino que la ilumina. Al presentar a Dios como "Amado", hace que la experiencia humana de la amistad se convierta en escuela y metáfora del encuentro con lo trascendente. En otras palabras, el amor al amigo es preparación para el amor a Dios.

En una de las sentencias más conmovedoras del libro, se dice: "El Amigo lloraba por la ausencia del Amado. Y el Amado estaba tan cerca de él que le secaba las lágrimas". Aquí, la paradoja de la amistad se convierte en paradoja de la fe: la ausencia y la presencia se entrelazan en un mismo gesto y la fidelidad del amigo se transforma en fidelidad absoluta hacia el Amado eterno.

La obra de Llull, escrita en catalán y difundida en latín, fue leída durante siglos como un manual de espiritualidad, pero hoy podemos apreciarla con nuevas lecturas y también como una joya literaria que une Oriente y Occidente, razón y mística, filosofía y poesía. El *Libro del amigo y del amado* nos recuerda que la amistad, más allá de su dimensión social, puede ser camino de trascendencia: un puente de luz que une al hombre con lo eterno.

LA FRATERNIDAD MONÁSTICA Y MÍSTICA

Si hay un lugar donde la amistad encontró un cauce institucional y espiritual fue en los monasterios. La vida monástica, desde los primeros anacoretas en el desierto egipcio hasta las órdenes medievales, se fundó sobre un ideal de comunidad que no era otra cosa que una gran amistad organizada en torno a Dios. San Benito, padre del monacato occidental, escribió en su Regla que los monjes debían vivir "como verdaderos hermanos", compartiendo bienes, plegarias y trabajos, y subordinando la voluntad individual a la armonía común. En aquel contexto, la amistad no era un lujo, sino un camino hacia la salvación.

Los monjes medievales solían referirse unos a otros como *fratres*, hermanos. Y esta palabra no era mera cortesía, sino una definición de identidad: ser monje era convertirse en hermano del otro, borrar los muros de las diferencias sociales, dejar atrás las posesiones y entrar en una hermandad que aspiraba a reflejar, en la tierra, la comunión celestial. "Nada hay más querido para Dios que la concordia fraterna", repetían los benedictinos, recordando que la vida común era en sí misma una escuela de amistad.

No faltaron, sin embargo, las tensiones. La vida monástica imponía un reto: convivir con personas muy distintas bajo normas estrictas. Y allí se forjaba, precisamente, la fraternidad: no en la ausencia de conflicto, sino en el esfuerzo de mantener el vínculo a pesar de las diferencias. Era una amistad probada por la paciencia, por la repetición diaria de rezos y tareas, por el roce inevitable de la vida en común.

En el ámbito místico, la fraternidad se expandió en horizontes más amplios. Francisco de Asís llamó "hermano" al sol y "hermana" al agua, inaugurando una visión cósmica de la fraternidad. La amistad, en su perspectiva, no se limitaba a las personas, sino que incluía a la creación entera. En su *Cántico de las criaturas*, escribió: "Loado seas, mi Señor, con todas tus criaturas, especialmente por el hermano sol... Loado seas, mi Señor, por la hermana luna y las estrellas". En este gesto poético y espiritual, Francisco llevó la fraternidad a un extremo casi revolucionario: el cosmos entero era un entramado de amistades, un coro universal donde cada ser, incluso lo más humilde, participaba de la hermandad divina.

Místicos posteriores, como Teresa de Ávila o Juan de la Cruz, también hablaron de la relación entre almas amigas que, en su encuentro, reconocen la huella de Dios. Teresa valoraba tanto la amistad espiritual que aconsejaba a sus monjas buscar siempre "personas amigas de Dios", pues la compañía en la fe fortalecía el camino interior. Para ella, la amistad auténtica no desviaba de lo divino, sino que era un apoyo indispensable en la vida espiritual.

Así, la fraternidad monástica y mística muestra cómo la amistad, lejos de ser un mero sentimiento privado, se convirtió en principio de organización social, disciplina comunitaria y metáfora cósmica. Fue un laboratorio de lo humano y lo divino: la amistad como disciplina, como vocación y como revelación.

Montaigne y La Boétie: "Porque era él, porque era yo"

En el corazón del Renacimiento, entre el bullicio de imprentas, el redescubrimiento de los clásicos y la efervescencia de nuevas ideas, floreció una de las amistades más célebres y conmovedoras de la historia de la literatura. Michel de Montaigne, autor de los célebres *Ensayos*, conoció a Étienne de La Boétie en 1558, en Burdeos, cuando ambos rondaban la treintena. Lo que nació de aquel encuentro no fue solo una camaradería intelectual, sino una unión tan intensa que Montaigne la describió con palabras que se han vuelto proverbiales: "Si se me apremia para que diga por qué le quería, siento que no puede expresarse sino respondiendo: porque era él, porque era yo".

Ese "porque era él, porque era yo" es, en cierta medida, el manifiesto más hermoso y breve de la amistad pura. No hay utilidad, conveniencia ni cálculo; tampoco interés político ni económico. Hay, simplemente, un reconocimiento inmediato, una especie de afinidad misteriosa que, al decir de Montaigne, supera cualquier explicación. Es la constatación de que, a veces, la amistad se presenta como un destino compartido, una forma de gracia y de comunión.

La Boétie, jurista y humanista precoz, había escrito el *Discurso sobre la servidumbre voluntaria*, un texto radical contra la tiranía que circuló como manuscrito clandestino y que se convirtió en emblema de la libertad individual frente al poder absoluto. Montaigne, por su parte, encontraba en él no solo a un brillante pensador, sino al interlocutor capaz de mirarle "con la misma alma".

El vínculo fue breve en el tiempo, pues La Boétie murió en 1563, apenas cinco años después de conocerse, víctima de una peste fulminante. Montaigne quedó devastado, y esa herida marcaría buena parte de su obra posterior. En los *Ensayos*, su recuerdo late constantemente, como si escribir fuera también un modo de prolongar el diálogo interrumpido. Decía: "Si comparo todos los demás días de mi vida con los que pasé en su compañía, no son sino humo y tinieblas".

Lo extraordinario de esta amistad es que Montaigne, filósofo de la duda y la relatividad, tan escéptico ante los absolutos, habló de ella como de una excepción. Aceptaba que la mayoría de los vínculos humanos son frágiles, sujetos a intereses o accidentes; pero en La Boétie halló algo irreductible: "una amistad tan perfecta y entera que la suerte apenas tiene nada que añadirle".

Esta historia, narrada en el lenguaje claro y confesional de Montaigne, inauguró un modo moderno de hablar de la amistad:

ya no solo como virtud cívica, como en Cicerón, ni como vínculo espiritual hacia Dios, como en San Agustín o Teresa, sino como experiencia radicalmente humana, íntima, frágil y a la vez sublime. En cierto sentido, Montaigne y La Boétie anticiparon lo que hoy llamaríamos amistad elegida frente a los lazos obligatorios de la sangre o la sociedad. Su legado nos recuerda que, a veces, la amistad es el milagro de encontrar en otro rostro el espejo exacto del nuestro, y que esa revelación basta para justificar una vida.

AMISTADES ENTRE ARTISTAS, MECENAS Y PENSADORES

El Renacimiento no fue solo un tiempo de redescubrimiento intelectual y artístico; fue también un periodo en el que la amistad se convirtió en un lazo decisivo para la creación y la transmisión de ideas. Pintores, poetas, príncipes y filósofos se unieron en redes de afecto y apoyo mutuo que hicieron posible lo que hoy llamamos el esplendor renacentista. La amistad no se limitaba a lo íntimo: podía ser también una alianza de espíritus que, en medio de tensiones políticas y religiosas, abría espacios de libertad y creación.

Un ejemplo luminoso se encuentra en la relación entre Leonardo da Vinci y Ludovico Sforza, el "Moro" de Milán. Más que un simple vínculo de patronazgo, la relación fue también una convivencia de confianza mutua. Ludovico le confió a Leonardo no solo la pintura de obras maestras como *La Última Cena*, sino también proyectos de ingeniería, arquitectura y festivales cortesanos. Se dice que el duque apreciaba en Leonardo algo más que talento: lo consideraba un interlocutor capaz de darle un brillo intelectual y un aire de grandeza a su corte. Allí donde otros veían un artista excéntrico, Ludovico vio un amigo que expandía sus horizontes y con quien gustaba conversar.

Otro caso lo hallamos en Rafael y Baldassare Castiglione, autor de *El cortesano*. Castiglione fue mucho más que modelo para uno de los retratos más íntimos y bellos del pintor: fue un confidente y compañero de reflexión. El humanista entendía la amistad como escuela de virtud y en Rafael encontró la encarnación de ese ideal: un hombre que, con pinceles y temple, armonizaba belleza y vida.

Pero no siempre estas amistades fueron sencillas. La más célebre, y a la vez trágica, es la que unió a Galileo Galilei y el papa Urbano VIII. Durante años, Galileo gozó de la amistad y protección del cardenal Maffeo Barberini, futuro Urbano VIII. Este, hombre culto y amante de la poesía, admiraba al sabio pisano y celebraba sus descubrimientos como prueba de la grandeza divina. Incluso llegó a escribir versos en alabanza de Galileo. Al ascender al papado en 1623, Urbano parecía ser un aliado perfecto para el astrónomo: un pontífice que apoyaría la ciencia sin temor. Sin embargo, aquella amistad se quebró con la publicación del libro *Diálogo sobre los dos máximos sistemas del mundo* (1632). En la obra, Galileo puso en boca de un personaje simplón algunos argumentos que Urbano había sostenido en defensa del geocentrismo divino. El Papa lo percibió como una burla personal y azuzado por obispos y cortesanos, se distanció de Galileo. Lo que había sido complicidad intelectual se tornó en distanciamiento, hasta desembocar en el célebre proceso inquisitorial. La amistad inicial entre protector y sabio se convirtió en un ejemplo de cómo la política, el orgullo y el temor pueden corroer incluso los lazos más prometedores. Eso sí, al final de todo el proceso durante el cual a Galileo se le trató con mucha deferencia, el papa Urbano perdonó a Galileo, que en lugar de la hoguera terminó sus días en paz, estudiando y protegido en la distancia por su amigo de antaño.

Aun así, no faltaron amistades más duraderas y fecundas. La que unió a Erasmo de Róterdam y Tomás Moro es recordada como una alianza de inteligencia y humor. Erasmo dedicó a Moro su obra *Elogio de la locura*, no solo como homenaje sino como reflejo de la complicidad entre ambos: un juego de ironía compartida en tiempos convulsos. En sus cartas, se percibe la alegría de un diálogo que desafiaba tanto a la escolástica medieval como a las rigideces de la política.

Todas estas historias muestran que, en el Renacimiento, la amistad era motor de creación. No se trataba únicamente de afecto privado, sino de un tejido invisible que unía a artistas y mecenas, pensadores y gobernantes. Gracias a esas amistades, florecieron obras inmortales, se difundieron ideas revolucionarias y se gestó la confianza en el hombre como ser capaz de elevarse con la ayuda de otro.

La amistad como motor de creación y libertad

El Renacimiento no solo recuperó la belleza de las artes y el esplendor de la filosofía clásica; también redescubrió la amistad como una fuente de energía creadora y como refugio frente a las presiones del poder. En una época marcada por transformaciones radicales —el nacimiento de la imprenta, la Reforma, el descubrimiento de nuevos mundos—, los lazos de amistad se convirtieron en auténticos laboratorios de libertad intelectual.

Citábamos antes a Montaigne, que al hablar de su unión con La Boétie, confesaba: "Porque era él, porque era yo". En esa fórmula se encierra la esencia de la amistad como motor de creatividad: no necesita razones externas, sino que se alimenta de la pura afinidad de las almas. El ensayo, género que Montaigne inventa y consagra, brota en gran medida de esa experiencia. Cada reflexión suya lleva la huella de un diálogo interior con el amigo ausente, cuya voz le sigue acompañando.

En los talleres artísticos, la amistad multiplicaba la fuerza creadora. El intercambio entre pintores, escultores y arquitectos no solo tenía fines prácticos, sino que abría espacios de confianza donde lo imposible parecía realizable. Basta pensar en la relación entre Miguel Ángel y Vittoria Colonna, la marquesa-poeta con la que compartió una amistad espiritual y artística. A través de cartas y poemas, Colonna alimentó en el genio florentino una dimensión mística que se refleja en sus últimos dibujos y en su poesía más íntima. Para Miguel Ángel, esa amistad fue estímulo y consuelo, un faro de libertad en un mundo de encargos papales y tensiones políticas.

La amistad también protegía la libertad de pensar. Erasmo de Róterdam halló en Tomás Moro no solo un aliado intelectual, sino un interlocutor capaz de acoger sus ironías sin censura. El propio Erasmo afirmaba que "la amistad duplica las alegrías y divide las penas", y en su correspondencia con Moro se revela cómo esa complicidad les permitió sostener posturas críticas frente a instituciones rígidas, sin caer en la desesperación.

Incluso en la ciencia, la amistad fue indispensable. Galileo, antes de su conflicto con Urbano VIII, se apoyó en amistades epistolares con otros sabios, como Benedetto Castelli, a quienes confiaba sus experimentos y dudas. La amistad funcionaba como espacio de libertad: allí podía ensayar hipótesis que en la esfera pública habrían sido perseguidas.

El Renacimiento entendió que la amistad no era solo virtud privada, sino fuerza creadora que liberaba al espíritu. Era una alianza que permitía resistir la censura, superar la soledad y ensanchar los límites de lo posible. Allí donde los poderes de la época querían imponer silencio, la amistad ofrecía palabra, compañía y audacia. Por eso, al recorrer las cartas, los poemas y las obras del Renacimiento, se descubre que detrás de cada gesto de genialidad suele latir una amistad que lo hizo posible.

Cervantes: Don Quijote y Sancho, compañeros de viaje

En la vasta geografía de la literatura universal, pocas amistades han alcanzado tanta resonancia como la de don Quijote y Sancho Panza. Cervantes, con el genio de quien conoce las honduras del alma humana, creó una pareja que trasciende la novela para convertirse en símbolo universal de la condición humana. La suya no es una amistad idealizada ni perfecta, sino una unión viva, contradictoria, cómica y entrañable: precisamente por eso tan real.

Don Quijote y Sancho representan la unión de dos mundos aparentemente irreconciliables: el sueño y la tierra, la utopía y el pragmatismo. El caballero "delgado, alto, serio y delirante" arrastra consigo al escudero "bajo, regordete y socarrón". Y, sin embargo, no hay antagonismo que no acabe en complicidad. Cuando don Quijote le promete a Sancho una ínsula como recompensa, este, aun dudando, lo sigue con una fe que bordea la inocencia. Sancho sabe que es improbable, pero también sabe que su amigo necesita de su lealtad para mantener vivo el sueño de su aventura caballeresca.

El filósofo Ortega y Gasset vio en ellos la representación de las dos mitades de España: el idealismo desbordado y la sensatez campesina. Pero Cervantes va más allá: nos muestra cómo ambos mundos, en su fricción, se corrigen y se nutren. Don Quijote necesita la voz de Sancho para que su delirio no lo destruya; Sancho necesita a don Quijote para elevarse sobre el polvo del camino y atisbar horizontes más altos. "Cada uno es necesario al otro" —como señalaría el cervantista Américo Castro—, y en esa necesidad se cifra el secreto de su amistad.

El episodio de los molinos de viento es paradigmático. Sancho advierte a su señor que no son gigantes, sino molinos de viento. Don Quijote, tras caer derrotado por las aspas, atribuye la desgracia a encantadores. Sancho, que sabe la verdad, no se burla, no lo abandona, sino que lo socorre y le tiende la mano. Esa es la esencia de la amistad: no la ausencia de desacuerdo, sino la presencia del cuidado.

Más adelante, cuando Sancho se convierte en gobernador de la ínsula Barataria, Cervantes muestra con humor y ternura cómo la sabiduría popular del escudero florece en sentencias que revelan su ingenio. Don Quijote, aunque ya enfermo, reconoce con orgullo las dotes de su amigo. El vínculo ha evolucionado: el maestro se convierte en discípulo, el caballero en testigo del crecimiento de su escudero.

Y el final de la novela es quizá una de las páginas más conmovedoras sobre la amistad. Don Quijote, recobrada la cordura y cercano a la muerte, se despide de Sancho. Este, entre lágrimas, le pide que vuelvan juntos al campo a ser pastores, que sigan compartiendo vida y camino. Ya no le importa la ínsula ni la gloria: lo que quiere es mantener la compañía del amigo. Ese deseo es, en sí mismo, una declaración de amor fraterno.

Por eso, la amistad entre don Quijote y Sancho no es solo un recurso narrativo: es una de las mayores lecciones de Cervantes al mundo. Nos enseña que el amigo verdadero no es aquel que coincide con nosotros en todo, sino quien se atreve a caminar a nuestro lado, aun cuando nuestros sueños le parezcan imposibles o no los comparta.

ANATOLE FRANCE Y *EL LIBRO DE MIS AMIGOS*

Si Cervantes nos enseñó la amistad como compañerismo caballeresco en la novela y Shakespeare como fuerza trágica en el teatro, Anatole France quiso devolverla a la intimidad de la memoria y a la sencillez de la vida cotidiana. Lo hizo en un libro singular, publicado en 1885, al que dio un título que ya es en sí una declaración: *El libro de mis amigos.* No se trata de una novela convencional, ni de un tratado filosófico, sino de un mosaico de recuerdos, confidencias y evocaciones. France, con la serenidad de un escritor que sabía observar lo esencial, convierte el libro en un interlocutor vivo, un confidente hecho de papel y palabras.

El propio autor lo definió con una frase que ha quedado como emblema: "El libro es el amigo que nunca decepciona". Con esto no solo aludía al poder de la literatura como compañía constante, sino que también insinuaba que la amistad verdadera comparte esa misma cualidad: una presencia discreta, sin estridencias, que acompaña sin exigir. En sus páginas, la amistad se manifiesta no como heroísmo ni como vínculo solemne, sino como lo que a menudo es en la vida real: una suma de recuerdos compartidos, un refugio de ternura y de risas, un sostén ante la fugacidad del tiempo.

En *El libro de mis amigos*, los compañeros de infancia reaparecen con la fuerza de fantasmas benévolos. No hay batallas épicas ni gestos grandilocuentes: hay juegos, confidencias, paseos y silencios. El camarada es, sobre todo, un guardián de la memoria.

"Un amigo es un tesoro de recuerdos comunes, un testigo de lo que hemos sido", escribe France, y en esa definición simple se condensa toda una filosofía de la amistad. Frente a la visión aristotélica de la amistad perfecta como virtud moral o a la lealtad sagrada de las alianzas bíblicas, France ofrece un retrato humano, cotidiano, hecho de la materia frágil y luminosa de la memoria compartida.

Ese tono íntimo se inscribe en una tradición literaria muy francesa: la de los moralistas, desde Montaigne hasta La Rochefoucauld, que observan los gestos cotidianos para encontrar en ellos la verdad del alma humana. En lugar de idealizar la amistad, la despoja de solemnidad y la presenta como algo natural, cercano y, por eso mismo, imprescindible. Así, en uno de los pasajes más recordados, se dirige al lector con una complicidad conmovedora: "Si alguna vez fuiste niño, si alguna vez jugaste bajo los árboles, si alguna vez lloraste por la ausencia de un compañero, entonces, tú y yo nos comprendemos". Con esa frase, France rompe la distancia entre autor y lector, fundiendo la amistad de la memoria con la amistad literaria que se establece a través del libro.

La Francia de finales del siglo XIX, marcada por la Tercera República, la secularización y la fe en la cultura como espacio de cohesión, sirve de trasfondo a esta visión. Anatole France entiende la amistad también como una forma de resistencia frente al aislamiento moderno, frente al anonimato de las ciudades que crecen y fragmentan los lazos humanos. La amistad, en su concepción, es una pequeña república de dos o tres, un espacio donde todavía se conserva la autenticidad y la confianza.

El libro de mis amigos respira melancolía, pero no tristeza; es un canto a lo sencillo, un recordatorio de que las amistades, como los libros, nos moldean y nos sostienen en el tiempo. Por eso sigue siendo actual: porque nos recuerda que la amistad no necesita hazañas para ser grande, ni gestos solemnes para ser duradera. Basta con la constancia de una compañía, con la risa compartida en una tarde cualquiera o con el recuerdo de una mirada cómplice que el tiempo no puede borrar.

De Goethe a García Márquez: amistades en la modernidad literaria

La historia de la literatura moderna podría narrarse también como una constelación de amistades, diálogos y complicidades entre escritores. Más allá de las obras, de los manifiestos o de las corrientes estéticas, lo que persiste son los lazos invisibles que unieron a autores en una misma pasión por la palabra. De Goethe a García Márquez, la amistad ha sido a menudo motor de creación, refugio en las crisis y espejo en el que el genio literario se mide y se reconoce.

En el Weimar clásico, Johann Wolfgang von Goethe y Friedrich Schiller construyeron un modelo de amistad creadora que marcaría el ideal romántico. Goethe, ya consagrado, encontró en Schiller la energía intelectual y la frescura que necesitaba; Schiller, en cambio, halló en Goethe una cima a la que aspirar y un cómplice para sus batallas estéticas. En su correspondencia se revela una alianza que fue más que afecto: fue una empresa espiritual. "Nada grande se ha hecho jamás sin entusiasmo", escribía Schiller. Y en esas cartas ambos discutían sobre el arte, la tragedia, la libertad y la belleza. Su amistad no fue solo un vínculo personal, sino el pilar sobre el que se levantó un período entero de la cultura alemana.

Siglo y medio después, otro alemán, Thomas Mann, cultivaría amistades intelectuales con Rilke y con Hermann Hesse, en las que se respiraba esa mezcla de admiración y distancia que caracteriza a la modernidad. La amistad se volvía entonces menos íntima y más intelectual, más ligada a la discusión sobre el sentido del arte y de Europa que a la pura convivencia.

En Francia, la modernidad literaria se tejió en cafés y tertulias, donde amistades y rivalidades se confundían. Víctor Hugo y Lamartine compartieron ideales políticos y poéticos, aunque los separara la ambición; Paul Valéry encontró en André Gide un interlocutor exigente, y Gide mismo se convirtió en el gran amigo y consejero de un joven Jean-Paul Sartre, a quien advertía: "No olvides nunca que la libertad es más grande que cualquier dogma".

En el siglo XX, las amistades literarias se internacionalizaron. Kafka y Max Brod en Praga representan quizá el paradigma: Brod fue no solo el amigo fiel que acompañó a Kafka en sus angustias, sino también quien, contra su deseo explícito de destrucción, salvó sus manuscritos para la posteridad. La amistad, en este caso, fue literalmente la condición de posibilidad de una obra inmortal.

En Hispanoamérica, las amistades entre escritores fueron decisivas para el llamado "Boom latinoamericano". Gabriel García Márquez encontró en Mario Vargas Llosa, Julio Cortázar y Carlos Fuentes no solo aliados de generación, sino también amigos con quienes compartir proyectos editoriales, lecturas y viajes. Durante años, García Márquez y Vargas Llosa representaron una hermandad literaria que parecía inquebrantable, hasta que una ruptura célebre los separó. Pero incluso esa distancia no borró el hecho de que, en un período clave, la amistad entre ambos fue motor de creación y de reconocimiento mutuo. "Los escritores somos más hermanos que rivales", diría años más tarde García Márquez, evocando un tiempo en el que la complicidad superaba a la competencia.

La amistad literaria moderna, de Goethe a García Márquez, aparece así como un espacio ambivalente: a veces refugio, a veces escenario de tensiones; siempre, sin embargo, lugar de fecundidad. Es en ese diálogo entre pares, en esa complicidad que supera el aislamiento del escritor, donde germinan muchas de las obras que hoy forman parte de nuestro canon. La conclusión parece clara: la literatura no es solo un acto solitario. Incluso cuando nace de la soledad, se alimenta de vínculos, de lecturas compartidas, de conversaciones que perduran en cartas y en memorias. Los grandes escritores modernos, como Goethe, Schiller, Kafka o García Márquez, nos recuerdan que la amistad es también una forma de creación: un puente invisible entre las almas, un estímulo para la palabra, un espejo donde la obra encuentra su verdadero rostro.

PARTE III. FILOSOFÍAS MODERNAS Y VOCES HISPÁNICAS

Capítulo 5. La amistad según los filósofos modernos

ROUSSEAU, KANT Y NIETZSCHE: ENTRE RAZÓN, PODER Y AFECTO

La modernidad filosófica planteó una transformación radical en la manera de concebir la amistad. Lo que en la Antigüedad había sido virtud cívica y en la Edad Media vínculo espiritual, se convierte ahora en objeto de reflexión desde la razón, la subjetividad y el conflicto de voluntades. Rousseau, Kant y Nietzsche ofrecen tres modos de entender la amistad: como pacto natural, como deber moral y como campo de fuerzas entre individuos.

Jean-Jacques Rousseau, tan apasionado como solitario, vio en la amistad un eco de su idea de contrato social. Para él, el vínculo entre amigos debía basarse sobre la autenticidad y en la renuncia a la máscara social. "El hombre nace libre, pero en todas partes se encuentra encadenado", escribía en *El contrato social*, y algo semejante podría decirse de sus reflexiones sobre los afectos: la amistad auténtica libera, porque surge de la sinceridad y no de las convenciones. En sus *Confesiones*, Rousseau lamenta la traición y el abandono de algunos compañeros, y confiesa su incapacidad de sostener la amistad en un mundo que exige hipocresía. La suya es una visión melancólica: la amistad es posible, pero difícil en una sociedad corrompida.

Immanuel Kant, más distante y normativo, aborda la amistad en su *Antropología en sentido pragmático* y en su *Metafísica de las costumbres*. Para el filósofo de Königsberg, la amistad se sitúa en un delicado equilibrio entre amor y respeto. "La amistad es la máxima unión de amor con respeto", afirma. No es un mero afecto pasional, sino una relación en la que el deber moral se entrelaza con el sentimiento. La amistad, según Kant, requiere confidencia, pero también distancia: no puede reducirse a pura emoción ni a fría conveniencia. En este sentido, la amistad se convierte en una forma de ética compartida, una comunidad de voluntades libres que se reconocen como fines en sí mismos.

Friedrich Nietzsche, por su parte, rompe con toda tradición al situar la amistad en el horizonte del poder y la autoafirmación. En *Así habló Zaratustra*, señala: "¿Quieres tener un amigo? Entonces has de querer también combatir con él". Para Nietzsche, la verdadera amistad no es complacencia ni refugio, sino desafío. El amigo no está para consolarnos, sino para empujarnos más allá de nuestras debilidades. En la amistad auténtica hay lucha, tensión, superación. El otro no es espejo ni bálsamo, sino roca contra la que afilar nuestro propio ser. De ahí que su idea de la amistad esté unida a la noción de grandeza: solo los espíritus fuertes pueden sostener amistades verdaderas, porque no temen el conflicto ni la franqueza.

De Rousseau a Nietzsche, pasando por Kant, se traza un arco que revela las tensiones de la modernidad: entre la utopía natural y la corrupción social, entre el deber y la libertad, entre el afecto y la voluntad de poder. La amistad deja de ser un mero ideal moral o espiritual para convertirse en una experiencia en la que confluyen la razón, el deber y la confrontación. En esa diversidad se dibuja un nuevo mapa: Rousseau nos habla de la fragilidad de la amistad en un mundo artificioso; Kant nos recuerda que el afecto requiere un equilibrio entre amor y respeto; Nietzsche, finalmente, nos enfrenta a la idea de que la amistad verdadera no teme el combate, porque es precisamente en la tensión donde se forja la grandeza de los lazos humanos.

Hannah Arendt: amistad y libertad política

Hannah Arendt, una de las pensadoras más lúcidas del siglo XX, devolvió a la amistad un lugar central en la vida pública. Para ella, la política no era meramente la gestión del poder, sino el espacio en el que los hombres aparecen unos ante otros, se reconocen y actúan en común. En ese sentido, la amistad se convierte en una experiencia profundamente política, porque permite sostener el diálogo y la pluralidad incluso en medio de los conflictos.

En su ensayo *La promesa de la política*, Arendt recordaba la figura de Sócrates como modelo de ciudadano que, a través de la conversación con sus amigos y conciudadanos, ejercía la política en su forma más noble. Allí sostiene: "La amistad, más que la fraternidad, ha sido considerada la virtud política por excelencia". La fraternidad se da entre iguales que se reconocen como hermanos; la amistad, en cambio, implica aceptar al otro como distinto, sin necesidad de borrar las diferencias. En la amistad, decía Arendt, se da un espacio donde "se ven las cosas no desde el punto de vista del yo, sino del mundo que nos es común".

Su reflexión nace también de la experiencia personal. Judía exiliada, marcada por la persecución nazi, Arendt vio en la amistad un refugio y, al mismo tiempo, una forma de resistencia. Con Karl Jaspers, su maestro y amigo, mantuvo durante décadas un diálogo epistolar que demuestra cómo la amistad puede sostener la libertad interior incluso bajo regímenes totalitarios. En una de sus cartas, escribió: "La amistad no se funda en la igualdad de las opiniones, sino en el respeto a la libertad del otro".

Este énfasis en la pluralidad es fundamental. Para Arendt, la amistad es una escuela de libertad política porque enseña a convivir con lo distinto. La política fracasa cuando se impone la unanimidad o la fuerza bruta; en cambio, florece cuando los hombres pueden disentir sin dejar de considerarse amigos. En *Entre el pasado y el futuro* lo expresa con claridad: "La esencia de la amistad es el discurso. Y este discurso tiene como contenido el mundo mismo". Así, la amistad no es refugio íntimo separado de la vida pública, sino el lugar donde se aprende a mirar el mundo desde perspectivas diversas.

De este modo, Arendt enlaza dos tradiciones: la socrática, donde la amistad es diálogo y búsqueda compartida, y la republicana, donde es fundamento de la vida cívica. Para ella, sin amistad no hay política verdadera, porque la política requiere confianza, reconocimiento y respeto mutuo. En un siglo marcado por la violencia ideológica y la anulación del otro, su reivindicación de la amistad como categoría política sigue siendo un llamado de urgencia. Arendt nos enseña que la amistad no es sólo un lazo personal, sino una forma de cuidar el espacio común. Allí reside su fuerza: en recordar que la libertad no se sostiene en la soledad del individuo, sino en el tejido de relaciones donde los hombres, como amigos, se reconocen mutuamente como libres.

Derrida: la amistad como promesa

Jacques Derrida, uno de los pensadores más influyentes de la filosofía contemporánea, dedicó al tema de la amistad una de sus reflexiones más sutiles y desconcertantes. En *Políticas de la amistad* (1994), retoma una frase atribuida a Aristóteles y citada innumerables veces a lo largo de la historia: "¡Oh, amigos míos, no hay ningún amigo!". Esta paradoja —¿cómo dirigirse a los amigos para afirmar que no existen?— se convierte en el punto de partida para repensar qué significa la amistad en un mundo atravesado por la política, la diferencia y la incertidumbre.

Para Derrida, la amistad no puede definirse de una vez y para siempre, como intentaron los clásicos. No es un concepto cerrado ni una virtud que se posee, sino una relación abierta al futuro, un vínculo que vive de la promesa. "La amistad se anuncia siempre como por venir", escribe, "como una promesa cuya esencia es no poder cumplirse nunca del todo". En este sentido, la amistad no es un hecho consumado, sino un horizonte que se construye en cada encuentro, en cada gesto de confianza, en cada palabra que afirma: "estaré contigo".

Este carácter de promesa tiene profundas implicaciones filosóficas y políticas. Derrida se distancia de la concepción aristotélica de la "amistad perfecta" entre iguales, porque considera que toda amistad está atravesada por la alteridad. El amigo no es un espejo de uno mismo, ni un "otro yo" armonioso, sino alguien irreductiblemente distinto. Y, sin embargo, en esa diferencia radical se abre la posibilidad del vínculo. Derrida insiste: "No hay amistad sin el reconocimiento de la alteridad, sin la experiencia del otro como otro". De ahí surge la idea de la amistad como promesa: una promesa que nunca se agota, porque siempre está expuesta a la fragilidad del tiempo, a la contingencia de la vida, a la muerte que inevitablemente separa. "El amigo es mortal —dice Derrida—, y por eso mismo la amistad es un duelo incesante". Todo amigo lleva consigo la posibilidad de la pérdida, y aun así seguimos llamando, seguimos prometiendo, seguimos confiando.

En su obra, Derrida también dialoga con la tradición política occidental. Señala cómo desde Platón hasta Nietzsche la amistad ha estado ligada a la idea de comunidad, ciudadanía y fraternidad. Sin embargo, él advierte que la noción de fraternidad, usada como modelo de comunidad política, excluye a quienes no entran en la lógica de los "hermanos": las mujeres, los extranjeros, los diferentes. Por eso, en lugar de la fraternidad cerrada, Derrida propone pensar la amistad como apertura, como una relación que no clausura la diferencia, sino que la acoge.

En este sentido, la amistad derridiana es también una ética y una política: aprender a vivir con el otro sin pretender dominarlo ni reducirlo a lo mismo. La promesa de amistad no es la de un pacto eterno o inquebrantable, sino la de una fidelidad frágil, que se renueva día tras día, precisamente porque puede romperse. Su reflexión se enmarca en el horizonte del siglo XX, marcado por guerras, totalitarismos y rupturas colectivas. Frente a la tentación de los nacionalismos y las comunidades cerradas, Derrida invita a imaginar una política de la amistad que sea inclusiva, plural y siempre inacabada. Una política que, como la amistad misma, viva de la promesa y del porvenir.

Capítulo 6. Voces hispánicas sobre la amistad

José Martí, el Apóstol de la independencia cubana, no solo fue poeta y revolucionario, sino también un pensador que comprendió la amistad como una fuerza ética y política capaz de sostener proyectos de libertad. En su obra aparece constantemente la idea de que la amistad, más allá de lo íntimo, es un valor cívico y una forma de patria. En sus cartas y ensayos, Martí celebró a los amigos como compañeros de lucha y de ideales. En una de sus reflexiones más conocidas escribió: "La amistad es la patria misma". Con esta frase condensaba su convicción de que los vínculos de afecto y lealtad entre las personas podían fundar una comunidad más sólida que cualquier tratado o frontera. Para Martí, la patria no era solo tierra o gobierno, sino una red de corazones unidos por el respeto y la entrega mutua.

La amistad, en su visión, era inseparable de la honestidad. Rechazaba toda forma de halago interesado, toda mentira disfrazada de afecto. "La amistad verdadera —decía— es la que nos lleva a decir con franqueza lo que pensamos, aun cuando duela, porque es mejor una verdad que hiere que una mentira que adula". Este ideal de franqueza se refleja en su correspondencia con amigos como Fermín Valdés Domínguez, a quien llamaba "hermano de toda la vida" y con quien compartió tanto el dolor de la injusticia como el entusiasmo por la independencia de Cuba.

Martí veía en la amistad una fuerza de resistencia frente al aislamiento y la desesperanza. Para él, un amigo era refugio en la adversidad, pero también estímulo para la acción. En una carta escribió: "Un verdadero amigo no es el que nos consuela, sino el que nos impulsa a ser mejores". Así, la amistad se convierte en un compromiso de crecimiento compartido, en un llamado a la virtud y al sacrificio.

El propio Martí vivió rodeado de amistades que se transformaron en trincheras morales. En Nueva York, donde residió largos años, su amistad con intelectuales y trabajadores inmigrantes le permitió articular redes de solidaridad que trascendían las fronteras nacionales. Su noción de amistad estaba impregnada de humanismo: no se limitaba a un círculo íntimo, sino que se proyectaba hacia un ideal de fraternidad universal. De ahí que pudiera afirmar sin reservas que la amistad es patria: porque en ella veía el germen de una comunidad justa, libre y solidaria. La patria se hace con lazos de afecto, decía Martí, porque "la patria es ara, no pedestal". Y en ese altar, los amigos son quienes sostienen la llama de la dignidad.

ORTEGA Y GASSET: VIVIR CON OTROS, SER CON LOS AMIGOS

José Ortega y Gasset, el gran filósofo español de la modernidad, entendió la vida humana como una realidad esencialmente compartida. Su célebre definición: "Yo soy yo y mi circunstancia, y si no la salvo a ella no me salvo yo", apunta a esa convicción: el ser humano no existe en soledad absoluta, sino siempre acompañado por un mundo que incluye a los otros. Dentro de esa circunstancia, la amistad ocupa un lugar privilegiado, pues en ella se expresa el arte de vivir con otros, no como imposición sino como elección libre. Para Ortega, la amistad es un ejercicio de autenticidad compartida. No se trata de la mera conveniencia ni del cálculo social, sino de un reconocimiento mutuo que enriquece la existencia. En su ensayo *El hombre y la gente*, reflexionaba sobre la imposibilidad de concebirnos aislados: "El hombre no vive solo, sino con otros; y estos otros no son simple compañía, sino constitutivos de su vida". Aquí se entiende por qué la amistad, más que un adorno, es parte del núcleo mismo del ser.

En el ámbito de la amistad, Ortega subrayaba el valor del diálogo. La conversación, decía, es la forma más pura de comunión entre los amigos, pues en ella no se busca vencer ni imponer, sino compartir perspectivas. "La conversación es el supremo arte de la amistad", afirmaba en sus lecciones universitarias, porque en ella cada cual se desvela y al mismo tiempo se recrea en el espejo del otro.

La amistad, en el pensamiento orteguiano, también es resistencia al anonimato y la masificación. En *La rebelión de las masas*, Ortega advirtió del peligro de la sociedad moderna, donde el individuo puede disolverse en la multitud y perder su voz singular. Frente a esa amenaza, el amigo aparece como testigo y guardián de nuestra individualidad. Solo un verdadero amigo reconoce lo único en nosotros y nos obliga a ser fieles a lo que somos. Vinculaba la amistad con la ética de la convivencia. La vida buena, decía, no puede alcanzarse sin el tejido de relaciones que nos sostienen. "Vivir es convivir", resumía, y en esa convivencia los amigos ocupan el lugar más íntimo, más cercano a nuestra identidad. Con ellos no representamos un papel, sino que nos mostramos con una transparencia difícil de lograr en otros espacios.

En este sentido, la amistad es también destino. Ortega insistía en que elegimos a los amigos, pero que, en cierta manera, también nos son dados por la vida como parte de esa circunstancia que debemos salvar. Por ello, en una reflexión cargada de hondura, escribió: "El amigo es el gran ensayo de la vida en común".

Así, para Ortega y Gasset, la amistad no es solo afecto personal: es filosofía vivida. Es prueba de que el hombre no puede ser plenamente hombre sino con otros, y que su ser más auténtico se juega en el vínculo con los amigos. Vivir con otros, ser con los amigos: esa es, en definitiva, una de las claves de su pensamiento vitalista.

Unamuno: la amistad en el dolor y la existencia

Miguel de Unamuno, el pensador de la intrahistoria y de la "agonía" existencial, no podía concebir la amistad desligada de la hondura del vivir. Para él, la vida humana está atravesada por la conciencia de la muerte, por la lucha entre la fe y la duda, por la sed de inmortalidad y la certeza del límite. En ese marco, la amistad se convierte en un refugio contra la soledad metafísica, una alianza de almas que, aun sabiendo su fragilidad, se aferran la una a la otra.

En sus *Ensayos*, Unamuno dejó una frase que condensa esta visión: "La amistad verdadera no consiste en el consuelo de las palabras, sino en el silencio compartido del dolor". Para él, el amigo es aquel que puede habitar nuestra tristeza sin intentar borrarla, que acompaña en la desnudez de la existencia. Esta forma de entender la amistad recuerda a su propia experiencia vital, marcada por pérdidas y duelos que le obligaron a pensar el vínculo humano desde la vulnerabilidad.

Unamuno veía la amistad como un "acto de fe en el otro". Y añadía en *Del sentimiento trágico de la vida*: "Vivir es sentirse morir, y en ese morir compartido nos salvamos los unos en los otros". Aquí, la amistad aparece como un pacto silencioso frente al destino, como la certeza de que en medio del dolor hay alguien que nos nombra y nos sostiene.

La amistad en Unamuno no es ligera ni superficial: es grave, incluso desgarrada. Frente al ideal clásico de serenidad, su concepto está teñido por la angustia de existir. Pero precisamente por eso cobra una fuerza radical: el amigo no es quien acompaña en la fiesta, sino quien se sienta a nuestro lado en la noche oscura del alma. "Quien no ha sufrido con un amigo, no ha sido verdaderamente amigo", escribió con una crudeza que desarma.

Al mismo tiempo, Unamuno veía en la amistad un impulso creador. La amistad intelectual, como la que mantuvo con Azorín o con Pío Baroja en los años iniciales de la Generación del 98, fue también campo de disputa, de desencuentros y reconciliaciones. Para él, la verdadera amistad no evita el conflicto, sino que lo atraviesa: "Amar al amigo es también contradecirle, porque si no le contradices, no le amas con verdad". Esta paradoja refleja su idea de que el diálogo profundo entre amigos es un ejercicio de libertad y de autenticidad.

La dimensión religiosa de su pensamiento añade otra capa: el amigo es, de algún modo, sacramento de la inmortalidad que anhelamos. En *San Manuel Bueno, mártir*, la relación entre Lázaro y el párroco Manuel puede leerse como una forma de amistad espiritual, en la que se comparte no solo la fe, sino la duda y la esperanza en medio de la desesperación. La amistad aparece aquí como camino para sobrellevar el peso del misterio último. En definitiva, para Unamuno la amistad es inseparable del dolor y de la conciencia trágica de la existencia. No es un remanso ingenuo, sino un lugar de lucha compartida. Es, al mismo tiempo, bálsamo y herida, contradicción y consuelo. Y quizá por eso sus palabras siguen resonando: porque nos recuerdan que solo en el dolor compartido la existencia encuentra una chispa de eternidad.

LEZAMA LIMA: AMISTAD Y POESÍA COMO COMUNIÓN DEL ESPÍRITU

En la obra de José Lezama Lima, figura mayor de la literatura cubana y del barroco americano, la amistad se entrelaza con la poesía hasta convertirse en comunión del espíritu. Para él, la poesía era siempre vínculo y revelación, un lugar donde las almas se encontraban en el misterio del lenguaje. Su concepción de la amistad no se limitaba al trato humano, sino que adquiría una dimensión casi sacramental, donde la palabra poética era puente hacia el otro y, a la vez, hacia lo trascendente.

En *La expresión americana* afirma: "El amigo es la forma visible del misterio". En esta frase resuena su certeza de que la amistad es un acontecimiento espiritual: el amigo no se reduce a la compañía, sino que encarna lo inasible, abre un resquicio a lo eterno. La amistad, en su visión, es semejante al acto poético: ambas iluminan lo invisible y permiten que el ser humano se reconcilie con la vastedad del universo.

El grupo *Orígenes*, que Lezama fundó y animó en la Cuba de mediados del siglo XX, es ejemplo de cómo concebía la amistad. Allí reunió a poetas, narradores y pensadores —entre ellos Gastón Baquero, Cintio Vitier, Eliseo Diego, Fina García Marruz— en un espacio donde la creación literaria era inseparable del afecto, de la fraternidad intelectual y espiritual. La amistad era, en ese círculo, motor de una obra colectiva que buscaba dar voz a lo eterno desde la insularidad caribeña. Como diría Lezama: "La amistad es un estado de gracia donde la poesía se reconoce en los otros".

En su monumental novela *Paradiso* también late esta concepción. La relación entre José Cemí y sus amigos Fronesis y Foción es más que un vínculo juvenil: es una hermandad espiritual en la que los diálogos sobre filosofía, estética y destino humano se convierten en verdadera liturgia poética. Allí, la amistad no es mero acompañamiento biográfico, sino revelación: un "banquete" del espíritu donde se comparte el pan de la palabra.

La amistad, en Lezama, tiene una dimensión sacramental porque participa del misterio cristiano que tanto influyó en su obra. No es casual que escribiera: "La amistad es comunión, como la Eucaristía; en ella nos damos y nos recibimos". Ese tono místico hace de la amistad no solo un vínculo humano, sino un ensayo de eternidad.

Por eso, para Lezama, la amistad es inseparable de la poesía: ambas buscan trascender la muerte, abrir espacios de inmortalidad. El amigo y el poeta se confunden, pues en la voz del otro resuena lo indecible. Su vida, marcada por la marginalidad y la soledad, halló en la amistad con sus compañeros de *Orígenes* y en la fidelidad a la palabra poética el modo de sobrevivir al destierro y al olvido. La amistad en Lezama Lima es comunión del espíritu, encuentro de misterios que solo la poesía sabe nombrar. Es, como él mismo lo dijo: "el lugar donde lo imposible se vuelve respirable".

PARTE IV. PSICOLOGÍA, SOCIOLOGÍA Y VIDA SOCIAL

Capítulo 7. La psicología de la amistad

Necesidad de pertenencia y vínculos emocionales

La amistad hunde sus raíces en una de las necesidades más fundamentales del ser humano: la de pertenencia. Desde la infancia hasta la vejez, la vida se organiza en torno a círculos afectivos que sostienen, acompañan y otorgan sentido. La psicología social ha mostrado que el aislamiento prolongado genera sufrimiento y que la exclusión es una de las experiencias más dolorosas que puede atravesar una persona. En palabras de William James: "de todos los suplicios que soporta el alma, ninguno es más cruel que la sensación de no ser tenido en cuenta por los demás".

La necesidad de pertenencia se expresa como un impulso de arraigo, de saberse aceptado y reconocido en un grupo, pero también como la búsqueda de vínculos personales que permitan compartir emociones profundas. La amistad ofrece precisamente esa doble dimensión: es al mismo tiempo espacio íntimo de confianza y pertenencia a una comunidad, aunque sea mínima —dos personas que, al encontrarse, construyen un pequeño universo compartido.

Los psicólogos Baumeister y Leary sostuvieron en su influyente *The Need to Belong* (1995) que el deseo de establecer y mantener lazos afectivos estables es una motivación universal y fundamental. No se trata de un lujo, sino de un requisito del bienestar psicológico. Según sus investigaciones, las relaciones cercanas, sostenidas en el tiempo, son capaces de reducir la ansiedad, aumentar la resiliencia y favorecer una percepción más positiva de la vida.

En ese sentido, la amistad se convierte en uno de los escenarios privilegiados de los vínculos emocionales. A diferencia de las relaciones familiares o laborales, donde intervienen estructuras de poder o de obligación, la amistad se basa sobre la elección libre:

elegimos a nuestros amigos, y al hacerlo elegimos también a quién confiamos nuestro interior. Esta libertad la convierte en un laboratorio privilegiado para la expresión de la intimidad, la confianza y el afecto. La psicología del apego también ilumina este fenómeno. Aunque inicialmente concebida para describir la relación entre el niño y la figura materna, las investigaciones contemporáneas han mostrado que los estilos de apego se reproducen en la vida adulta en las amistades y relaciones de pareja. Un amigo confiable, que escucha y acompaña, actúa como una "base segura" desde la cual explorar el mundo, del mismo modo que lo hacía la madre en la infancia. Los vínculos emocionales de la amistad son, además, un sostén en los momentos de crisis. Numerosos estudios señalan que las personas con redes de amistad sólidas presentan menores índices de depresión, mayor capacidad de recuperación ante pérdidas y enfermedades, e incluso mayor longevidad. No es casual que Aristóteles, en su *Ética a Nicómaco*, ya advirtiera que nadie elegiría vivir sin amigos, aunque poseyera todos los demás bienes. La necesidad de pertenencia y los vínculos emocionales que se trenzan en la amistad no son adornos de la existencia, sino el corazón mismo de la experiencia humana. Ser amigos y tener amigos equivale a tejer una red invisible que nos salva de la intemperie de la soledad y nos devuelve la certeza de estar, en este mundo, acompañados.

ETAPAS VITALES: INFANCIA, JUVENTUD, MADUREZ Y VEJEZ

La amistad, como experiencia humana, no es estática ni uniforme: acompaña al hombre desde sus primeros juegos hasta los últimos días de la existencia, transformándose con él, reflejando sus necesidades y deseos, e iluminando cada etapa de la vida con un matiz diferente. En la infancia, el niño descubre la maravilla del otro. Hasta entonces su mundo es básicamente familiar, pero pronto comienza a tender puentes hacia sus semejantes. El amigo de la niñez es compañero de juegos, cómplice de travesuras, aliado en la exploración del mundo. Son amistades espontáneas, inmediatas, que a veces duran apenas un verano y, sin embargo, dejan una huella definitiva en la memoria. Jean Piaget observó que en estas primeras amistades se aprende la reciprocidad: la conciencia de que el otro también siente y de que la relación exige compartir. El niño lo dice con la inocencia de una sentencia definitiva: "Es mi amigo porque juega conmigo".

En la juventud, la amistad adquiere una intensidad distinta, marcada por la pasión y la búsqueda de identidad. El adolescente necesita escapar del círculo familiar y encuentra en los amigos un espejo donde ensayar formas de ser y un refugio donde resguardarse de la incertidumbre. La amistad juvenil es secreta, confidencial, casi absoluta. Montaigne, al hablar de su unión con La Boétie, escribió: "Porque era él, porque era yo", y es así como expresó la fusión radical que caracteriza a los vínculos de este tiempo de la vida. Los amigos se convierten en confidentes de secretos, testigos de primeras experiencias, cómplices en los desafíos al mundo adulto. Es cierto que muchas de estas amistades no resisten el paso del tiempo, pero también lo es que ninguna otra etapa deja recuerdos tan ardientes, tan cargados de emoción, como las amistades forjadas en la juventud.

La madurez llega con su propio lenguaje, más sobrio, más reflexivo. La vida ya no se mide en juegos ni en desafíos, sino en responsabilidades: trabajo, familia, compromisos. La amistad, en esta etapa, se convierte en un acto consciente, en una elección deliberada que implica cuidado y constancia. Ya no se busca tanto la fusión de la juventud como la compañía estable, la complicidad silenciosa, el pacto de apoyo mutuo en medio de la complejidad de la existencia. Un amigo en la madurez es aquel con quien se comparte la vida en su hondura: las alegrías y las penas, los éxitos y los fracasos, las pérdidas inevitables. Cicerón lo expresó con claridad en *De Amicitia*: "La amistad no es otra cosa que la perfecta conformidad en las cosas divinas y humanas, con benevolencia y cariño". La madurez otorga a la amistad ese carácter de alianza estable, capaz de resistir las pruebas del tiempo y la distancia.

Y cuando llega la vejez, la amistad se torna memoria y compañía. En la ancianidad, el valor de los amigos no reside tanto en lo que está por venir como en lo ya vivido. Los amigos de esta etapa son, muchas veces, los sobrevivientes de una historia común: testigos de lo que hemos sido, guardianes de recuerdos compartidos. La amistad en la vejez es bálsamo contra la soledad y afirmación de la dignidad frente a la fragilidad del cuerpo. Cicerón escribió en *Catón el Viejo o de la vejez* que "la amistad florece en cualquier edad", y quizá sea en la vejez cuando más intensamente se comprende esa afirmación, porque es entonces cuando el amigo se convierte en sostén, en espejo de una vida que no se desvanece en el olvido. Estudios contemporáneos en psicología confirman lo que la sabiduría clásica ya intuía: quienes conservan lazos de amistad activos en la vejez gozan de mayor bienestar, menos depresión e incluso de más años de vida.

Así, la amistad atraviesa todas las edades humanas como una corriente que cambia de forma sin dejar nunca de fluir. Es juego en la infancia, pasión en la juventud, elección en la madurez y consuelo en la vejez. Y en cada etapa, con sus propios matices, constituye siempre un tesoro: un espacio donde el ser humano se encuentra consigo mismo a través del otro, y donde la vida, en cualquier edad, se hace más luminosa y más digna de ser vivida.

El valor de la amistad en la vejez

En la vejez, cuando la vida ya ha transitado sus estaciones más agitadas, la amistad aparece como una de las experiencias humanas más valiosas, quizá porque adquiere la doble condición de memoria y de sostén. Si en la infancia y en la juventud la amistad es impulso y en la madurez es alianza consciente, en la ancianidad se convierte en refugio frente a la soledad, en compañía que mitiga la fragilidad del cuerpo y del ánimo, y en testimonio vivo de que nuestra existencia no se disuelve en la nada. Los amigos de esta etapa no son solamente compañeros de días presentes, sino también guardianes de recuerdos: son quienes han visto, a lo largo de décadas, lo que fuimos, y con su sola presencia confirman que lo vivido ha sido real.

Cicerón, en su tratado sobre la vejez, afirmaba con sabiduría: "Nada en la vida es más fecundo ni más deleitoso que la amistad". La vejez lo comprueba con especial nitidez, pues a medida que disminuyen las fuerzas físicas y se estrechan los horizontes del futuro, la riqueza de las relaciones auténticas se hace más evidente. La amistad no cura los dolores ni detiene el paso del tiempo, pero da sentido a la existencia en la medida en que nos recuerda que seguimos siendo parte de una trama afectiva. No es casual que los estudios contemporáneos en psicología y sociología hayan constatado que la calidad de las relaciones en la vejez es uno de los factores más determinantes para la longevidad y la satisfacción vital. Tener amigos —aunque sean pocos— equivale a poseer un ancla en medio de la vulnerabilidad.

La amistad en la ancianidad también ofrece algo que ninguna otra etapa concede con igual intensidad: el valor del silencio compartido. En la juventud la amistad es bulliciosa, llena de confidencias interminables; en la madurez, activa y cómplice de proyectos. Pero en la vejez, muchas veces, basta la mirada, el gesto, la compañía silenciosa para sentir que no se está solo. Es la etapa en la que se comprende que la verdadera amistad no requiere de adornos ni de justificaciones: se basta a sí misma. Montaigne lo intuía cuando escribió que los amigos verdaderos "se confunden y mezclan de tal manera que borran y no distinguen ya la costura que los une". En la ancianidad, esta fusión se traduce en la calma de compartir un tiempo sin prisa, en la serenidad de un vínculo que no exige, solo acompaña.

En una sociedad donde el envejecimiento suele ir acompañado de marginación, la amistad se revela también como resistencia. Resistir al aislamiento, a la invisibilidad, al prejuicio contra lo viejo. Un amigo en la vejez es alguien que reconoce aún en nosotros al ser humano pleno, con su dignidad intacta. Para el anciano, los amigos pueden ser un territorio íntimo en el que todavía se es alguien, y no simplemente un número en las estadísticas de la demografía. Así, el valor de la amistad en la vejez no radica únicamente en la compañía que ofrece, sino en la confirmación de que la vida, pese a los límites que se acercan, sigue siendo digna de ser vivida. La amistad es memoria compartida, consuelo frente a la pérdida, celebración de lo que permanece. Y en ese sentido, se convierte en la más alta de las fidelidades: aquella que sostiene al hombre en el tramo final del viaje y que, incluso después de la partida, lo mantiene vivo en el recuerdo del amigo que queda.

Capítulo 8. Sociología de los lazos invisibles

En las comunidades tradicionales, la amistad no se concibe únicamente como un vínculo entre dos individuos, sino como una red tejida en el entramado de la vida colectiva. Allí, la amistad se confunde con la vecindad, con la fraternidad del oficio, con la solidaridad del clan o la tribu. El amigo no es simplemente el elegido por afinidad, como en las sociedades modernas, sino aquel con quien se comparte el pan, el trabajo, la fiesta y hasta el duelo. No en vano la palabra "compañero" proviene del latín *cum panis*: el que comparte el pan. En la comunidad campesina, por ejemplo, los amigos son también co-labradores, guardianes mutuos de la cosecha, cómplices de un destino común marcado por la tierra y las estaciones.

Las comunidades tradicionales no se sostenían únicamente en la sangre, sino también en vínculos invisibles, en lealtades recíprocas que se parecían a la amistad y la reforzaban. La ayuda mutua era un principio inquebrantable: quien levantaba su casa encontraba a sus amigos y vecinos junto a él; quien sufría una pérdida era acompañado por todo el grupo. Esa presencia solidaria trascendía lo afectivo y se convertía en norma social. De ahí que en muchos pueblos el refrán "quien tiene un amigo tiene un tesoro" no era metáfora, sino verdad cotidiana.

El filósofo Ferdinand Tönnies, al distinguir entre *Gemeinschaft* (comunidad) y *Gesellschaft* (sociedad), señalaba que en la primera los vínculos son orgánicos, naturales, casi inevitables. La amistad se nutre de la proximidad, de la costumbre de vivir juntos, del conocimiento profundo que solo da el roce cotidiano. En cambio, en la sociedad moderna los lazos se vuelven funcionales, instrumentales, más frágiles. En la comunidad tradicional, el amigo era parte de un "nosotros" colectivo; en la modernidad, se busca al amigo como refugio frente al anonimato.

El papel de la amistad en las comunidades tradicionales también se expresaba en los ritos de hospitalidad. En muchas culturas, recibir al extranjero con pan, sal o vino era convertirlo, aunque fuera provisionalmente, en amigo. La amistad era un deber, casi un mandato sagrado. Homero en la *Odisea* lo muestra con claridad: Ulises encuentra acogida en cada isla gracias a la hospitalidad que transforma al huésped en aliado. Ese gesto se heredó en múltiples pueblos rurales, donde aún hoy el forastero encuentra mesa y conversación sin ser interrogado.

Sin embargo, la amistad tradicional no estaba exenta de jerarquías. En la relación entre mecenas y artista, entre señor y vasallo, entre maestro y aprendiz, había un componente de desigualdad que no anulaba la reciprocidad afectiva. Como escribió Aristóteles: "La amistad perfecta es entre iguales en virtud, pero también hay amistades por utilidad y por placer". Las comunidades tradicionales combinaban estas formas: el amigo podía ser aliado en el trabajo, compañero en la fiesta o confidente en la penumbra.

De este modo, la amistad en la comunidad tradicional era a la vez personal y colectiva, afecto e institución, sentimiento y norma. No era un lujo de pocos, sino un requisito de supervivencia. En la dureza de la vida campesina o tribal, la amistad era el lazo invisible que aseguraba que nadie quedara solo ante el infortunio, que la carga pesada pudiera compartirse y que la alegría se multiplicara en común. Frente a la soledad de la sociedad moderna, este modelo nos recuerda que la amistad no es únicamente elección individual, sino también el cimiento sobre el cual se erigen las comunidades humanas.

La amistad en la guerra: soldados y camaradas en la historia

Pocas experiencias humanas ponen a prueba los vínculos como la guerra. En el fragor del combate, donde la vida pende de un hilo y el futuro es incierto, la amistad surge como refugio y sostén. La fraternidad entre soldados no es una metáfora, sino una verdad inmediata: la supervivencia depende de la lealtad mutua. Así lo expresó Erich María Remarque en su célebre novela sobre la Primera Guerra Mundial, *Sin novedad en el frente*: "No luchamos por la patria, ni por el honor, ni por la gloria. Luchamos unos por otros". El compañero se convierte en hermano; su vida vale tanto como la propia.

La propia lengua guarda huellas de esta hermandad bélica. El término *camarada* proviene del latín *camera*, que designaba la cámara o estancia compartida. En el ámbito militar medieval, el camarada era aquel con quien se dormía bajo el mismo techo o se compartía la misma choza improvisada en campaña. La intimidad forzada de esa convivencia, el reparto del pan y del lecho, fundaba un vínculo que iba mucho más allá de lo utilitario. De ahí que *camarada* se consolidara como sinónimo de compañero inseparable, hermano de armas y de destino.

En la historia de la guerra, la amistad entre hombres ha tenido con frecuencia una dimensión amorosa. En la Grecia clásica, el Batallón Sagrado de Tebas fue el ejemplo más célebre: ciento cincuenta parejas de amantes juraban combatir codo a codo. Su fuerza residía en que ningún guerrero quería mostrarse cobarde ante los ojos del amado. Plutarco lo resumió con claridad: "Un ejército cimentado en el amor mutuo es invencible". El vínculo erótico se convertía en estrategia militar y en garantía de fidelidad.

Algo similar se rastrea en otras tradiciones. Entre los pueblos germánicos y nórdicos, los relatos épicos mencionan juramentos de hermandad guerrera que a menudo incluían promesas de unión más íntima que la simple amistad. En la Edad Media, los templarios y otras órdenes militares compartían no solo votos religiosos y disciplina castrense, sino también una intensa vida en común: dormir, comer, rezar y combatir lado a lado, durante años. No faltaron voces que insinuaron o denunciaron la existencia de vínculos eróticos entre ellos, aunque muchas veces tales acusaciones fueron armas políticas para desacreditar a la orden. Sea como fuere, el rumor y la sospecha confirman que la frontera entre la amistad radical y el amor fue, en esos contextos, difusa.

En las crónicas medievales y los cantares de gesta abundan pasajes en los que la amistad entre combatientes aparece como motivo de consuelo en medio de la barbarie. El juramento del caballero no se limitaba a la fidelidad al señor feudal, sino también a sus hermanos de armas. Una vieja sentencia resume este espíritu: "Más vale morir junto al amigo que vivir sin él en la deshonra". El ideal caballeresco vinculaba así honor, amistad y amor, en una amalgama difícil de separar.

Las guerras modernas, con su carácter masivo e impersonal, no extinguieron esta experiencia. Los diarios de soldados de la Gran Guerra, de Vietnam o de la Guerra Civil Española muestran que el sentimiento de amistad era lo que daba sentido a días interminables de miedo. El poeta Miguel Hernández, que luchó en el bando republicano, convirtió al amigo caído en símbolo de fidelidad eterna. La sociología de la guerra también lo ha confirmado. Samuel Stouffer, en sus estudios sobre soldados estadounidenses en la Segunda Guerra Mundial, descubrió que la mayoría no afirmaba luchar por la patria, sino "por no fallar a sus camaradas".

Muchos veteranos han confesado que lo más duro, al regresar a la vida civil, no fue el recuerdo de la violencia, sino la pérdida de aquella camaradería absoluta. Ese vacío, la nostalgia de una intimidad irremplazable, a menudo acompaña al soldado durante toda su vida. La amistad en la guerra se revela como una de las formas más intensas del vínculo humano. Nacida de la necesidad, sostenida por el peligro y consagrada por la confianza extrema, esta camaradería recuerda que, incluso en los escenarios más oscuros, el lazo entre dos seres humanos puede convertirse en faro de humanidad. La palabra *camarada*, con su origen en la cámara compartida, conserva en su raíz toda la hondura de esa unión que, a veces, fue amistad fraterna y otras, amor en armas.

La era digital ha transformado radicalmente la noción de amistad. Nunca antes en la historia el ser humano había tenido la posibilidad de acumular cientos o miles de "amigos" con un solo clic, ni de mantener un contacto instantáneo y constante con personas a lo largo del planeta. Sin embargo, esta expansión numérica plantea un interrogante fundamental: ¿son estos vínculos auténticos o simples simulacros de amistad?

En las plataformas digitales, el término "amigo" ha sufrido una dilatación semántica que roza la paradoja. El antropólogo Robin Dunbar advirtió que la capacidad humana para mantener lazos significativos se limita a unos ciento cincuenta contactos estables, lo que se conoce como el "número de Dunbar". Más allá de esa cifra, la calidad emocional del vínculo disminuye de manera inevitable. En cambio, las redes sociales promueven la ilusión de un círculo ilimitado, donde la acumulación sustituye a la intimidad. Como señala Sherry Turkle, investigadora del MIT: "estamos conectados, pero solos", pues la hiperconectividad puede encubrir una soledad estructural.

El simulacro se hace visible en la superficialidad de muchos de estos lazos. La interacción suele reducirse a un "me gusta", un comentario efímero o un emoticono, gestos que raramente sustituyen el calor de una conversación cara a cara o la complicidad del silencio compartido. Byung-Chul Han, filósofo contemporáneo, lo expresa con crudeza: "La comunicación digital está llena de positividad y vacía de profundidad. Los amigos se convierten en contactos, y la amistad en red es solo una forma de consumo".

No obstante, sería injusto reducir la amistad digital a una ilusión. Para muchos, especialmente jóvenes, migrantes o personas en situación de aislamiento, las redes sociales constituyen una ventana real de apoyo, encuentro y pertenencia. Se han tejido comunidades sólidas que trascienden la distancia física, y no faltan ejemplos de amistades profundas nacidas en foros, videojuegos en línea o grupos de afinidad. En este sentido, lo virtual puede convertirse en una extensión de lo humano, siempre que no se confunda la herramienta con el fin.

El dilema reside, quizá, en la tensión entre cantidad y calidad. En el universo digital, la amistad corre el riesgo de diluirse en la lógica del espectáculo, donde la visibilidad sustituye al vínculo y el otro se convierte en "audiencia" más que en confidente. Advertía Jean Baudrillard: "El simulacro no oculta la realidad: la reemplaza". Así, la amistad en redes sociales puede ser tanto un espacio fecundo de encuentro como un espejo vacío que refleja una multitud sin intimidad.

La pregunta queda abierta: ¿qué significa hoy tener un amigo? Tal vez la respuesta dependa menos de la plataforma y más de la capacidad humana de cuidar, escuchar y compartir, virtudes que ninguna tecnología puede garantizar por sí sola. La verdadera amistad, como recordaba Aristóteles, no se mide por la cantidad de nombres en una lista, sino por la calidad del lazo que une dos almas.

Capítulo 9. Amistad y amor: fronteras difusas

El vínculo entre amistad y amor ha fascinado a pensadores, poetas y filósofos a lo largo de la historia. No es casualidad que en muchas lenguas las palabras "amigo" y "amante" compartan una raíz común: el verbo latino *amare*. De *amare* nacen *amicus* y *amicitia*, es decir, el amigo y la amistad, pero también el *amator* y el *amor*, el amante y el amor. El lenguaje ya muestra, desde su origen, una cercanía que se convierte en fuente de ambigüedad y de riqueza conceptual.

En español, la palabra "amigo" conserva esa huella etimológica del latín *amicus*, que significa "el que ama". No se trata solo de un compañero neutral, sino de alguien hacia quien se siente afecto, confianza y amor. Por su parte, "amante" proviene directamente del participio presente de *amare*, es decir, "el que ama". La diferencia radica en la intensidad y el ámbito en que se desarrolla ese amor. Mientras el "amigo" suele vincularse a una relación de afecto no erótica, el "amante" introduce la dimensión pasional, carnal o romántica. Pero en ambos casos, la raíz es la misma: amor.

Esta cercanía semántica ha generado, a lo largo de los siglos, malentendidos y fronteras difusas. En la poesía trovadoresca medieval, por ejemplo, "amigo" era frecuentemente sinónimo de amante secreto. Aún hoy en ciertos contextos populares de Hispanoamérica, "amigo" puede referirse al amado o a la pareja, como se aprecia en canciones tradicionales donde la voz femenina llama "mi amigo" al hombre que es su amante. En estos matices se percibe cómo el lenguaje conserva resonancias antiguas que desdibujan los límites entre amistad y amor.

El filósofo Michel de Montaigne, en sus *Ensayos*, advertía ya la singularidad de la amistad frente al amor erótico. "El amor", decía, "es más ardiente y más apasionado, pero siempre es inquieto y cambiante; la amistad, en cambio, es sosegada y estable". Sin embargo, la misma raíz etimológica muestra que ambas experiencias beben de una fuente común: el deseo de unión, de reciprocidad, de reconocimiento en el otro.

El español moderno, con su riqueza de matices, conserva la tensión entre ambos términos. Decir "mi amigo" puede significar tanto un compañero fiel como, en el lenguaje popular, el amante oculto. La palabra "amante", por su parte, arrastra una connotación ambigua: puede aludir al amado legítimo o al vínculo clandestino. Esta polisemia revela la dificultad de trazar fronteras tajantes entre amistad y amor, pues ambos participan del mismo campo semántico del afecto. En el trasfondo etimológico late una verdad profunda: amistad y amor son manifestaciones distintas de una misma necesidad humana de amar y ser amado. Si la amistad se asocia al compartir la vida sin posesión y el amor erótico al deseo de unión total, ambos se encuentran en el terreno común de lo afectivo. A propósito, escribió el poeta Pedro Salinas: "Amor y amistad son dos nombres de un mismo destino: salvarnos del vacío de ser solos".

Eros y Philia en el pensamiento griego

Los griegos, con su habitual elegancia para distinguir los matices de la experiencia humana, diferenciaron con claridad lo que en nuestras lenguas modernas solemos englobar bajo la palabra "amor". Así, mientras *eros* remitía al deseo apasionado, a la atracción erótica, *philia* designaba la amistad, el afecto compartido, la complicidad serena entre iguales. Esta distinción, sin embargo, no era rígida: en el pensamiento griego ambos términos convivían, se rozaban y, en ocasiones, se fundían.

Eros, en su origen, era un dios. Hesíodo lo menciona en la *Teogonía* como una de las fuerzas primordiales del cosmos, motor de unión y fecundidad. En la tradición filosófica, sobre todo a partir de Platón, el término adquirió un matiz espiritual: *eros* no es solo deseo corporal, sino impulso hacia la belleza, el conocimiento y lo divino. En el *Banquete*, Sócrates —a través de la voz de Diotima— define el amor como una escalera que conduce desde la atracción por un cuerpo particular hasta la contemplación de la Belleza en sí. "El amor no es de lo bello, sino del engendrar y dar a luz en lo bello", dice Platón, señalando que *eros* busca inmortalidad a través de la creación y la elevación del alma.

Por su parte, *philia* remitía a la amistad cívica y personal, a los vínculos de confianza que sostenían la vida social griega. Aristóteles, en la *Ética a Nicómaco*, le dedica páginas memorables al considerar la *philia* como una de las virtudes más altas, indispensable para la *polis* y para la buena vida. "Nadie querría vivir sin amigos, aunque poseyera todos los demás bienes", afirma. La *philia* no es solo afecto privado, sino tejido social: une a las familias, sostiene a las comunidades y da sentido a la política como arte de vivir juntos.

Sin embargo, la frontera entre *eros* y *philia* era más difusa de lo que a simple vista parece. El amor entre hombres, por ejemplo, podía integrar dimensiones eróticas y de amistad a la vez, como muestra la práctica de la *paiderastia* en Atenas, que combinaba educación, vínculo afectivo y atracción física. Incluso Platón reconoce que el verdadero amor debe contener amistad, pues sin ella el deseo se vuelve posesivo y efímero.

La riqueza del pensamiento griego radica precisamente en esta pluralidad de voces. Frente a la simplicidad del término único "amor" en nuestras lenguas modernas, los griegos nos legaron un abanico conceptual que permite distinguir y, a la vez, entrelazar pasiones, afectos y amistades. *Eros* eleva hacia lo trascendente, *philia* cimenta lo humano y lo comunitario. Ambos son, en última instancia, expresiones de la misma búsqueda: hallar en el otro una resonancia que venza la soledad y nos permita vivir mejor.

La pregunta sobre si es posible la amistad después del amor ha recorrido la literatura, la filosofía y la experiencia cotidiana con respuestas diversas, a menudo contradictorias. Algunos sostienen que el amor, una vez extinguido en su dimensión pasional, deja un terreno devastado, difícil de volver a sembrar. Otros, en cambio, ven en el final de la pasión una oportunidad para que emerja la complicidad, la ternura y el respeto que quizá estaban ocultos tras el fuego de *eros*.

Ya en la antigüedad, Cicerón afirmaba que "no hay amistad más fuerte que la que surge del amor apagado", sugiriendo que, una vez liberados del deseo y de la posesión, dos personas pueden reencontrarse en un plano más sereno y duradero. Sin embargo, no todos los filósofos fueron tan optimistas. Schopenhauer, con su visión pesimista de la condición humana, desconfiaba de la posibilidad de una amistad auténtica tras el amor, porque consideraba que el deseo, una vez frustrado, genera resentimiento y herida.

En la literatura encontramos ejemplos que ilustran ambas posturas. Goethe, en *Las afinidades electivas*, muestra cómo la pasión amorosa puede destruir cualquier posibilidad de equilibrio posterior, dejando a los personajes atrapados en la imposibilidad de volver a la amistad. En cambio, Flaubert, en *La educación sentimental*, sugiere que el amor juvenil que no pudo ser se transforma, con el paso del tiempo, en una especie de nostalgia compartida, en un recuerdo que acerca en lugar de separar.

La psicología contemporánea ha abordado el tema desde la noción de "reconfiguración de vínculos". Estudios recientes señalan que la posibilidad de mantener una amistad después de una relación amorosa depende, en gran medida, de cómo se produjo la ruptura: si hubo respeto y reconocimiento mutuo, es más probable que sobreviva una forma de amistad; si, en cambio, la separación estuvo marcada por el engaño o el dolor profundo, el resentimiento imposibilita cualquier reconstrucción. Como ha señalado el psicoanalista André Green, "el amor no se borra, se transforma", lo que abre la puerta a vínculos distintos pero no menos significativos.

En nuestra vida cotidiana, muchas personas confirman esta posibilidad: antiguos amantes que, tras superar la turbulencia inicial, se convierten en amigos entrañables, capaces de sostenerse en la vida con una complicidad que ya no es erótica, pero sí afectiva y duradera. Tal vez la clave radique en comprender que la amistad después del amor no es un regreso al pasado, sino una nueva creación, una metamorfosis del vínculo. Como escribió Octavio Paz: "Amar es desnudarse de los nombres; la amistad es aceptar al otro vestido de todos sus recuerdos".

PARTE V. EL ARTE DE CULTIVAR LA AMISTAD HOY

Capítulo 10. El valor vital de la amistad

AMISTAD Y SALUD: CIENCIA DEL AFECTO

En las últimas décadas, la ciencia ha corroborado lo que la experiencia humana intuía desde hace siglos: la amistad no solo alegra el espíritu, también protege el cuerpo y prolonga la vida. Los vínculos de afecto generan un impacto fisiológico y psicológico profundo, al punto de que algunos investigadores hablan ya de una auténtica "ciencia del afecto".

Estudios en neurociencia han mostrado que la interacción con los amigos activa áreas del cerebro vinculadas al placer y a la recompensa, liberando oxitocina, dopamina y endorfinas. Estos neurotransmisores no solo producen bienestar inmediato, sino que fortalecen el sistema inmunológico y reducen los niveles de cortisol, la hormona del estrés. De hecho, un estudio longitudinal de la Universidad de Harvard, iniciado en 1938 y aún en curso, concluyó que "la calidad de las relaciones personales es el predictor más fiable de una vida larga y feliz, más que el dinero, el éxito o incluso la genética".

La psicología clínica confirma esta relación entre amistad y salud. Quienes cuentan con amigos cercanos muestran menor incidencia de depresión y ansiedad, y tienen una mayor resiliencia frente a traumas o pérdidas. La amistad actúa como un colchón emocional que amortigua las caídas de la existencia. Viktor Frankl, al reflexionar sobre la supervivencia en los campos de concentración nazis, subrayaba que el vínculo con otros, incluso en la forma mínima de un recuerdo o una palabra compartida, era capaz de sostener la vida en medio del sufrimiento más extremo.

En el ámbito de la salud física, múltiples investigaciones han revelado que las personas con redes de amistad sólidas presentan menor riesgo de enfermedades cardiovasculares, mejor recuperación tras intervenciones quirúrgicas y mayor longevidad. No es casual que la Organización Mundial de la Salud haya reconocido el aislamiento social como uno de los grandes factores de riesgo en la sociedad contemporánea, comparable al tabaquismo o la obesidad. Pero la amistad no solo incide en los indicadores médicos: también favorece prácticas de autocuidado. Los amigos impulsan hábitos saludables: animan a dejar adicciones, motivan la actividad física, promueven una alimentación más equilibrada. Señaló José Martí: "La amistad es la sal de la vida", y podríamos añadir que es también su medicina invisible. Hoy la ciencia y la filosofía parecen coincidir en una misma conclusión: cultivar amistades genuinas no es un lujo, sino una necesidad vital. La amistad, en su dimensión más profunda, no es solo compañía: es una forma de cuidado mutuo, un arte de vivir que fortalece tanto el alma como el cuerpo.

La amistad frente a la soledad moderna

La modernidad, con sus conquistas tecnológicas y su promesa de comunicación permanente, ha traído consigo una paradoja: nunca hemos estado tan conectados y, sin embargo, la soledad se ha convertido en una de las epidemias silenciosas de nuestro tiempo. El sociólogo Zygmunt Bauman describió esta condición como parte de la "modernidad líquida", donde los vínculos se vuelven frágiles, inestables y desechables. Frente a esta precariedad afectiva, la amistad se erige como un antídoto imprescindible, una forma de resistencia íntima contra la dispersión y el aislamiento.

Los datos son elocuentes: en muchos países occidentales, los índices de soledad aumentan, especialmente entre los jóvenes y los ancianos. El individualismo exacerbado, el ritmo frenético de las ciudades y la mediación digital de las relaciones han erosionado los espacios de encuentro cara a cara. La soledad, cuando no es elegida sino impuesta, produce efectos devastadores: favorece la depresión, deteriora la salud física y merma el sentido de pertenencia. En este escenario, la amistad aparece como el refugio donde la existencia recupera su densidad y su calor humano.

La verdadera amistad implica presencia, atención y cuidado mutuo, sobre todo correspondencia. No se trata solo de llenar un vacío, sino de transformar la soledad en un espacio compartido, donde la vulnerabilidad puede mostrarse sin temor al juicio. Hannah Arendt lo expresó con claridad: "En la amistad no se busca utilidad, sino la revelación de uno mismo en la presencia del otro". Ese acto de revelación es, precisamente, lo que contrarresta el anonimato y la invisibilidad que impone la vida moderna.

La amistad también recupera el valor de la conversación, hoy amenazado por la velocidad y la distracción tecnológica. Frente a los mensajes instantáneos y las interacciones superficiales, la palabra amiga se convierte en un tiempo distinto, un ritmo más humano, donde la escucha se convierte en gesto de hospitalidad. No se trata de negar la soledad —pues también puede ser fecunda como espacio de reflexión—, sino de evitar que se convierta en desarraigo. La amistad, cuando es auténtica, no disuelve la soledad sino que la ilumina: nos enseña que estar solos no significa estar abandonados. Allí donde falta comunidad, la amistad inventa nuevas formas de compañía; allí donde la sociedad genera aislamiento, el vínculo amistoso devuelve al individuo su dignidad y su pertenencia al mundo. Frente a la soledad moderna, la amistad se revela como un arte de la resistencia y de la esperanza. Es el recordatorio de que, incluso en un tiempo fragmentado, sigue siendo posible encontrarse, mirarse y decir: "aquí estoy contigo".

Cuidar y ser cuidado: la reciprocidad invisible

Toda amistad verdadera se sostiene sobre una delicada red de reciprocidades que rara vez se anuncian en voz alta, pero que laten en lo profundo de la relación. Esa reciprocidad invisible no es un contrato ni una contabilidad exacta de favores; es más bien una forma de donación mutua en la que cuidar y ser cuidado se alternan con naturalidad, como la respiración que mantiene viva la confianza.

Cuidar a un amigo no significa únicamente atender sus necesidades en los momentos de crisis, sino también acompañar sus alegrías, escuchar sin prisa, estar presente en los instantes pequeños de la vida cotidiana. El cuidado es, en este sentido, una atención amorosa hacia la fragilidad del otro, una manera de reconocerlo en su vulnerabilidad y dignidad. Y ser cuidado, por su parte, exige una humildad que no siempre resulta sencilla: aceptar que necesitamos del otro, que nuestra autosuficiencia es una ilusión y que la amistad nos recuerda el límite fecundo de lo humano.

El filósofo Emmanuel Lévinas, que puso la ética del rostro del otro en el centro de su pensamiento, lo expresó con contundencia: "El yo es responsable del otro sin esperar reciprocidad, aunque en esa responsabilidad se teje la relación misma". En la amistad, esta asimetría se equilibra con el tiempo: a veces somos nosotros quienes sostenemos, otras veces quienes somos sostenidos. La alternancia, casi imperceptible, es la que otorga a la relación su profundidad.

El cuidado invisible se manifiesta en gestos mínimos: una llamada inesperada, una pregunta que revela atención genuina, un silencio compartido. En esos detalles se revela el verdadero tejido de la amistad, más fuerte que cualquier declaración solemne. Frente a una sociedad que premia la productividad y la autosuficiencia, la amistad nos devuelve a la lógica de la gratuidad: cuidamos porque amamos, no porque esperemos recompensa.

En última instancia, esta reciprocidad invisible no solo refuerza los vínculos personales, sino que también constituye un aprendizaje social. La amistad enseña que la vida no se sostiene en solitario, sino en el entramado silencioso de cuidados que nos acompañan desde la infancia hasta la vejez. Aprender a cuidar y dejarse cuidar es, quizá, el secreto más hondo de la amistad, ese que nos recuerda que la verdadera fortaleza se construye siempre en compañía.

Capítulo 11. Tipos de amistad en la vida cotidiana

AMISTADES DE INFANCIA, ADULTAS E INTERGENERACIONALES

La vida humana puede leerse como una travesía de amistades que nacen, crecen, se transforman y, a veces, desaparecen. Cada etapa de la existencia imprime a los lazos de amistad un tono distinto, como si el paso del tiempo fuese también un taller donde se esculpe el modo en que nos relacionamos con los otros.

En la infancia, la amistad suele ser inmediata, espontánea, sin cálculos ni reservas. Un juego compartido, una merienda en la escuela, un secreto susurrado en voz baja, bastan para sellar alianzas que, aunque frágiles, marcan la memoria para siempre. Estas primeras amistades nos enseñan lo esencial: la alegría de compartir, la confianza sin condiciones, la capacidad de imaginar juntos. Muchos adultos recuerdan con ternura esos compañeros de juegos que, aunque ya no estén presentes en la vida cotidiana, dejaron una huella indeleble.

En la adultez, la amistad adquiere otra densidad. Las responsabilidades laborales, familiares y sociales hacen que el tiempo disponible se reduzca, y por eso la amistad se vuelve más selectiva. En este periodo, los amigos ya no se buscan solo para jugar, sino para sostenerse mutuamente en la incertidumbre del mundo: compartir proyectos, apoyarse en las dificultades, acompañarse en los duelos y en las alegrías profundas. La amistad adulta se caracteriza por la confianza trabajada con los años, por la capacidad de escuchar y por el reconocimiento del otro como un espejo crítico y leal.

Las amistades intergeneracionales, en cambio, aportan una riqueza singular. En ellas, el tiempo no divide, sino que multiplica las perspectivas. Un joven encuentra en el amigo mayor consejo, paciencia y memoria; el adulto mayor descubre en el joven vitalidad, frescura y nuevos horizontes. Estas amistades, menos frecuentes pero profundamente significativas, constituyen un puente entre experiencias vitales diversas. Son prueba de que la amistad no se reduce a la semejanza de edad, sino a la complicidad del espíritu. Las grandes civilizaciones supieron valorar este cruce de generaciones. En la Grecia clásica, los filósofos cultivaron la relación entre maestro y discípulo como una forma elevada de amistad. Platón veía en Sócrates no solo al guía intelectual, sino al amigo que abría horizontes del alma. Esa amistad, teñida de eros y de logos, no era simple camaradería, sino una alianza en la búsqueda de la verdad y el bien. En China, la tradición confuciana enseñaba la piedad filial y el respeto al maestro como vínculo sagrado: el anciano transmitía sabiduría, y el discípulo correspondía con lealtad, estableciendo una amistad que se sostenía en la gratitud. En Japón, la figura del sensey unía autoridad y cercanía: más que un instructor, era un amigo espiritual que acompañaba en la perfección de un arte o en la disciplina del carácter. En África, por su parte, las comunidades tribales han concebido siempre la relación entre mayores y niños como una red de amistad compartida: el proverbio "para educar a un niño hace falta toda la aldea" no es solo metáfora, sino práctica viva de un aprendizaje amistoso, donde la memoria de los ancianos y la risa de los pequeños se encuentran en un mismo círculo.

Así, las amistades intergeneracionales son una forma de resistencia frente a las sociedades que tienden a separar a los grupos etarios. Nos recuerdan que la vida solo se comprende plenamente cuando se mira desde varias orillas a la vez: la infancia como descubrimiento del otro, la adultez como refugio y sostén, y la intergeneracionalidad como confirmación de que el diálogo humano trasciende cualquier frontera de tiempo y edad. En todas sus formas —infantiles, adultas e intergeneracionales— la amistad revela su carácter de escuela vital. Nos enseña a crecer, a madurar, a transmitir lo aprendido y a recibir lo que el otro, distinto a nosotros, tiene para ofrecer. En última instancia, la amistad no es solo un sentimiento, sino una pedagogía silenciosa que atraviesa culturas, edades y épocas.

La amistad, como toda relación humana, se adapta a los espacios en los que transcurre la vida. Dos de ellos resultan particularmente reveladores: el ámbito laboral y la experiencia de la distancia. En ambos, la amistad se somete a pruebas singulares que revelan tanto su fragilidad como su capacidad de reinventarse.

En el trabajo, la amistad nace de la convivencia diaria, de la repetición de rutinas compartidas y de la necesidad de cooperación. Allí, entre reuniones, proyectos y responsabilidades, emergen lazos que pueden trascender lo meramente profesional para convertirse en verdaderas complicidades humanas. La amistad laboral ofrece un refugio frente a las tensiones del rendimiento y la competitividad: un café compartido, una confidencia en un pasillo, la risa cómplice que disuelve la rigidez de la jornada. Sin embargo, este tipo de amistad no está exenta de riesgos: la jerarquía, los intereses contrapuestos o los cambios de puesto pueden tensar vínculos que parecían sólidos. Por eso, cuando una amistad surgida en el trabajo logra sobrevivir más allá de la oficina, adquiere un mérito especial: ha demostrado que el afecto era más fuerte que las circunstancias que lo originaron.

La distancia, por su parte, ha sido históricamente uno de los grandes desafíos de la amistad. Las separaciones geográficas, ya sea por viajes, migraciones o cambios de vida, ponen a prueba la resistencia del lazo afectivo. Antaño, la amistad se mantenía a través de cartas, donde la escritura se convertía en puente de presencia; hoy, las tecnologías permiten una comunicación más inmediata, aunque no siempre más profunda. Mantener viva la amistad en la distancia exige un esfuerzo consciente: cuidar los recuerdos compartidos, sostener la confianza y aceptar que el afecto puede sobrevivir incluso a largos silencios.

Lo paradójico es que la distancia, en ocasiones, fortalece los lazos. Lejos del roce cotidiano que puede desgastar, los amigos aprenden a valorarse en ausencia, a esperar los encuentros con la intensidad de lo irremplazable. La amistad que resiste kilómetros y años se convierte así en una certeza rara: la de que el tiempo y el espacio no borran lo que fue fundado en la sinceridad del corazón. En el trabajo o en la distancia, la amistad revela una cualidad esencial: su capacidad de adaptarse, de reinventarse ante las circunstancias. Es precisamente en esas pruebas donde muestra su verdadero valor, confirmando que, más allá de los contextos, lo que mantiene unidos a los amigos es esa mezcla irreductible de confianza, memoria y lealtad.

AMISTADES INTERCULTURALES: PUENTES EN LA GLOBALIZACIÓN

La amistad, cuando atraviesa fronteras culturales, adquiere una dimensión que trasciende lo personal para volverse también un gesto político y humano de reconciliación con la diversidad. En un mundo marcado por la globalización, los desplazamientos masivos, el turismo, la migración y la hiperconectividad, cada vez más personas establecen vínculos con quienes provienen de horizontes distintos: lenguas, religiones, costumbres y valores que, lejos de ser un obstáculo, se convierten en terreno fértil para el descubrimiento mutuo.

La amistad intercultural es, en muchos sentidos, un laboratorio de tolerancia y aprendizaje. Supone salir de la comodidad de lo propio para escuchar, comprender y, a veces, cuestionar los propios prejuicios. A través de ella se aprenden nuevos gestos de hospitalidad, formas diferentes de celebrar, de comprender la familia o de relacionarse con lo sagrado. Estas amistades funcionan como puentes: permiten traducir experiencias que parecían ajenas y mostrar que, bajo las diferencias, laten emociones universales como el cariño, la lealtad o el deseo de compañía.

Pero la riqueza de estas amistades también implica desafíos. Las diferencias culturales pueden generar malentendidos, silencios incómodos o choques de perspectivas. Es allí donde la paciencia, la empatía y la voluntad de diálogo se vuelven indispensables. Una amistad intercultural auténtica no se construye negando las diferencias, sino reconociéndolas y celebrándolas como parte del vínculo. La historia ofrece ejemplos elocuentes. Marco Polo, en su viaje a Oriente, no solo describió las maravillas de China, sino que fue acogido por el emperador Kublai Kan, con quien desarrolló una relación de confianza que trascendía lo diplomático. Esa amistad, basada sobre el respeto mutuo, permitió a un mercader veneciano convertirse en consejero de uno de los imperios más vastos del mundo, abriendo la imaginación europea a realidades desconocidas.

Cristóbal Colón, por su parte, en el encuentro con los taínos de las Antillas tuvo un primer acercamiento a un mundo culturalmente distinto. Si bien la historia posterior quedó marcada por la violencia de la colonización, los cronistas de la época recogen los gestos iniciales de hospitalidad mutua: intercambios de presentes, palabras de bienvenida y curiosidad recíproca que muestran cómo, en los primeros instantes del contacto, la amistad era posible más allá de las diferencias.

Otros viajeros, como Ibn Battuta en el mundo islámico medieval, cultivaron amistades en sus periplos que les aseguraban hospitalidad y protección en tierras lejanas. O más tarde, Alejandro von Humboldt, cuyo viaje por América Latina estuvo jalonado de vínculos con criollos, indígenas y sabios locales, creando una red de amistades que nutrió su visión universalista de la ciencia y la naturaleza.

Hoy, las redes digitales amplifican estas posibilidades, permitiendo que amistades florezcan entre individuos que jamás compartirán un espacio físico, pero que intercambian experiencias y afectos desde lugares remotos. En un mundo tensionado por nacionalismos, fronteras y conflictos, las amistades interculturales representan pequeñas resistencias, gestos silenciosos que demuestran que la diversidad no divide, sino que enriquece. Allí donde los discursos levantan muros, la amistad tiende puentes invisibles que atraviesan lenguas, mares y siglos.

Capítulo 12. Cómo ser amigo en el siglo XXI

ESCUCHAR, ACOMPAÑAR, PERDONAR

En una época marcada por la prisa, la dispersión y la saturación de estímulos, la amistad verdadera exige recuperar virtudes antiguas que se vuelven revolucionarias: escuchar, acompañar y perdonar. Estos tres gestos, sencillos en apariencia, son la médula de un vínculo capaz de sostenerse en medio de los cambios vertiginosos del siglo XXI.

Escuchar ya no es simplemente oír palabras, sino conceder a la otra persona el raro privilegio de una atención plena. En un mundo donde la conversación suele interrumpirse por notificaciones, pantallas o rutinas absorbentes, el acto de prestar oído a un amigo se convierte en una forma de afecto tangible. Escuchar es también validar la voz del otro, ofrecerle un espacio donde sus pensamientos y emociones no se diluyen, sino que encuentran eco.

Acompañar significa estar presente en la vida del otro, no solo en los momentos de celebración, sino también en los silencios, en la espera y en la adversidad. Acompañar no se limita a compartir tiempo, sino a compartir destino: caminar junto al amigo incluso cuando el trayecto es difícil o incierto. Esta presencia, que no siempre requiere palabras, otorga una seguridad profunda, la certeza de no estar solo frente al peso del mundo.

Perdonar constituye quizá el mayor reto y, al mismo tiempo, la prueba más elevada de la amistad. Ningún vínculo humano está exento de fricciones, decepciones o errores. Sin embargo, la amistad madura se distingue por su capacidad de recomenzar, por reconocer las fragilidades del otro y sostener el lazo más allá de las heridas. El perdón no borra lo ocurrido, pero permite construir un futuro donde la confianza se rehace con más hondura.

El budismo zen enseña: "Un verdadero amigo es como un espejo: no oculta tus defectos, pero tampoco deja de reflejar tu luz". La amistad, entendida así, es una vía de autoconocimiento y de crecimiento compartido: nos invita a aprender de las diferencias, a hallar serenidad en la compañía silenciosa y a descubrir que la plenitud no se alcanza en soledad, sino en el tejido invisible de la hermandad. En el siglo XXI, donde la comunicación instantánea convive con el aislamiento emocional y la vida cotidiana se fragmenta en pantallas, practicar estas tres actitudes equivale a resistirse al empobrecimiento de las relaciones. Escuchar, acompañar y perdonar son, en definitiva, los gestos que devuelven a la amistad su carácter sagrado: un vínculo que humaniza, que libera y que, pese a la velocidad del tiempo moderno, permanece.

La fidelidad y el cuidado frente a lo efímero

El siglo XXI es la era de lo inmediato. Todo parece destinado a consumirse y desecharse con rapidez: los objetos, las modas, las ideas, incluso las relaciones. Frente a esta lógica de lo efímero, la amistad auténtica representa un acto de resistencia, una fidelidad que se construye en el tiempo y que rehúye el vértigo de lo pasajero.

La fidelidad no se confunde con posesión ni con dependencia; es, más bien, la decisión de sostener al otro en la memoria y en la presencia, incluso cuando la distancia o las circunstancias parecen apartar los caminos. Un amigo fiel es aquel que permanece en el corazón aun cuando la vida cotidiana ya no ofrece encuentros frecuentes. Su lealtad se manifiesta en la continuidad silenciosa de la confianza, en la certeza de que, más allá de los cambios, hay un suelo firme sobre el que apoyarse.

Junto a la fidelidad, el cuidado se vuelve una tarea esencial. Cuidar de la amistad significa atenderla como se atiende un jardín: regándola con pequeños gestos, palabras oportunas, preguntas sencillas que revelan interés verdadero. El cuidado se expresa en lo cotidiano —un mensaje inesperado, una visita breve, una escucha atenta— y recuerda que toda relación humana necesita ser nutrida para no marchitarse.

En un mundo donde muchas conexiones nacen y mueren en la pantalla de un dispositivo, fidelidad y cuidado son virtudes que transforman la amistad en un vínculo sólido y duradero. Son un antídoto contra la superficialidad de los lazos rápidos y frágiles, contra la tentación de sustituir a las personas por nuevas en cuanto aparecen las dificultades.

Ser amigo en el siglo XXI exige, por tanto, no solo abrirse al instante, sino también apostar por la permanencia. Fidelidad y cuidado nos recuerdan que lo más humano no es lo fugaz, sino lo que resiste al tiempo, lo que se mantiene como una llama vigilada en medio del viento.

EL AMIGO COMO ESPEJO DE LO MEJOR Y PEOR DE NOSOTROS

Toda amistad es, en cierto sentido, un espejo. En el rostro del amigo descubrimos no solo compañía, sino también un reflejo que nos devuelve aspectos ocultos de nuestra propia vida. A través de la mirada ajena reconocemos virtudes que no sospechábamos —la generosidad, la valentía, la ternura—, pues es el amigo quien las provoca o las saca a la luz. Pero, al mismo tiempo, la amistad desnuda nuestras debilidades: la impaciencia, los miedos, la falta de entrega.

El amigo verdadero no idealiza ni adula; nos confronta con aquello que somos en toda nuestra complejidad. De ahí que las amistades más profundas incluyan, además de momentos de gozo, instantes de incomodidad, discusiones y desencuentros. No porque se rompa el vínculo, sino porque este nos obliga a mirarnos sin máscaras. En palabras de Montaigne, "la amistad es un ejercicio del alma", y en ese ejercicio se revelan tanto nuestras luces como nuestras sombras.

Este carácter de espejo convierte a la amistad en un camino de crecimiento. Gracias al otro aprendemos a reconocer lo que debemos fortalecer y lo que necesitamos transformar. El amigo nos muestra que somos capaces de más de lo que creemos, pero también nos recuerda nuestras limitaciones. En su compañía no buscamos perfección, sino verdad compartida: una verdad que duele a veces, pero que nos ayuda a ser mejores.

En el siglo XXI, cuando la tentación es rodearse solo de voces que nos confirmen y no de aquellas que nos interrogan, conservar amigos que actúan como espejo resulta vital. Ellos nos impiden caer en la ilusión de una identidad autosuficiente, nos obligan a reconocer que nuestra humanidad se completa en la mirada del otro. La amistad es un pacto tácito para caminar juntos hacia lo más alto y lo más hondo de nosotros mismos. El amigo nos sostiene cuando brillamos y también cuando caemos, porque sabe que en ambos extremos se revela lo que verdaderamente somos.

Epílogo

PUENTES DE LUZ: LA AMISTAD COMO RESISTENCIA EN UN MUNDO FRAGMENTADO

Vivimos en una época marcada por la dispersión y la prisa. Las pantallas nos acercan y a la vez nos aíslan; los vínculos parecen más frágiles, más expuestos a la fugacidad. Frente a esa fragmentación, la amistad se alza como un puente luminoso que resiste al desgaste del tiempo y del olvido. Un amigo no es solo quien comparte nuestras alegrías, sino quien sostiene las grietas de nuestro ser cuando todo lo demás se desmorona.

La amistad auténtica resiste porque no se funda en la utilidad ni en el cálculo, sino en una lealtad silenciosa que se prueba en los días oscuros. Allí donde la sociedad parece reducirnos a piezas de un engranaje, el amigo nos devuelve la singularidad de nuestra existencia. En un mundo que promueve la competencia y la soledad, la amistad es rebeldía y refugio: una pequeña revolución de ternura que no necesita grandes gestos para transformar la vida.

Un amigo y otro son como los dos lados de un mismo puente: ninguno puede soltarse, porque el puente entero se derrumbaría. Ambos deben sostenerse y abrazarse en equilibrio para que el paso siga siendo posible. Así, cada gesto de cuidado, cada acto de perdón, cada palabra de aliento es un nuevo tablón que refuerza la estructura. La amistad, como ese puente, no es estática: se rehace y se reconstruye continuamente para resistir la intemperie del tiempo.

Si algo mantiene encendida la esperanza en medio de los cambios vertiginosos de la modernidad es la certeza de que nunca estamos del todo solos. La amistad, en sus múltiples formas, nos recuerda que ser humano es estar con otros, reconocernos en su mirada y dejarnos modelar por su compañía.

En la voz de un amigo hallamos la música de la confianza; en sus silencios, el bálsamo del entendimiento; en su presencia, la promesa de que la vida, aun en sus pruebas más duras, puede ser compartida. Gracias a los amigos seguimos siendo humanos: no como individuos aislados, sino como seres que aprenden, tropiezan, perdonan y vuelven a caminar juntos.

La amistad, entonces, no es un adorno de la vida, sino su respiración más honda. Es lo que nos mantiene despiertos a la belleza del mundo, lo que nos salva de la desesperanza y lo que asegura que, aun en un porvenir incierto, seguiremos siendo capaces de tejer humanidad. En última instancia, toda vida digna se mide por la calidad de los amigos que supimos cuidar y por el modo en que supimos dejarnos cuidar por ellos. La amistad es el don más frágil y, a la vez, el más resistente: la certeza de que, en medio de la noche, siempre habrá un faro encendido en la orilla de alguien que nos espera.

APÉNDICES

Selección de cartas célebres sobre la amistad

La amistad ha sido cantada en la poesía y pensada en la filosofía, pero quizá donde se revela con mayor hondura es en las cartas. Allí donde las palabras no buscan la posteridad, sino el consuelo o la complicidad del destinatario, el afecto humano se muestra sin disfraces. Esta antología reúne fragmentos de correspondencias memorables que ilustran cómo la amistad ha acompañado a los hombres y mujeres de todas las épocas.

Marco Tulio Cicerón a Ático (siglo I a. C.)

El político y orador romano confió en Ático como su confidente en los días convulsos de la República.

"En medio de mis incertidumbres, tu amistad es la única que permanece firme. ¿Qué otra cosa podría darme tanto alivio en estas tormentas, sino el puerto seguro de tu lealtad?" *(Carta a Ático, 44 a. C.)*

Séneca a Lucilio (siglo I d. C.)

Las *Epístolas Morales a Lucilio* son un tratado de amistad bajo forma de carta.

"Escoge, pues, a un amigo de quien puedas fiarte como de ti mismo. Vive como si fueras observado por él, y piensa que, al obrar rectamente, das honor no solo a tu vida, sino también a la amistad que te une a él."

Plinio el Joven a Tácito (siglo I d. C.)

Entre literatos romanos, la amistad era también un modo de diálogo intelectual.

"Ningún gozo es completo si no puede ser compartido con un amigo. Aun la gloria, que parece tan codiciada, carece de dulzura si no se saborea con quien la comprende."

SAN AGUSTÍN A NEBRIDIO (SIGLO IV D. C.)

En su juventud, antes de convertirse al cristianismo, Agustín halló en Nebridio un compañero de reflexión y afecto.

"Amar y ser amado por alguien que goza en mí de la misma fe, que se deleita en la misma verdad, he aquí la dicha perfecta. Tal era tu amistad para mí: un alma que se unía a la mía buscando juntas la luz."

MONTAIGNE A LA BOÉTIE (SIGLO XVI)

La amistad que definió como "una sola alma en dos cuerpos".

"El calor de nuestra unión no se enfrió con el tiempo ni con la distancia. La amistad verdadera, Étienne, no muere: se transforma en recuerdo vivo, en esa llama que me acompaña aun en tu ausencia."

VOLTAIRE A FEDERICO II DE PRUSIA (SIGLO XVIII)

Aunque su amistad se quebró después, la correspondencia inicial entre filósofo y monarca destila complicidad intelectual.

"La amistad es el consuelo de los hombres libres, el verdadero vínculo entre las almas grandes. Mientras tenga en vos un interlocutor, siento que mi espíritu no está solo en el mundo."

GOETHE A SCHILLER (1794)

Goethe encontró en Schiller al interlocutor que completó su madurez literaria.

"Desde que nuestras almas se encontraron, siento que mi obra se ha ennoblecido. La amistad de un espíritu grande es el mejor estímulo para la creación, porque me obliga a ser mejor de lo que soy."

José Martí a Fermín Valdés Domínguez (1870)

Desde la cárcel, el joven Martí encontró en su amigo sostén y libertad.

"Tus palabras, amigo del alma, son para mí el aire que me falta en esta celda. No hay cadenas para el corazón que sabe querer."

Ralph Waldo Emerson a Thomas Carlyle (1834)

El trascendentalista norteamericano escribe al pensador escocés con tono fraterno.

"El mundo es ancho y ajeno, pero mientras existan almas como la tuya, Carlyle, siento que la tierra no es desierto. La amistad es el hilo que cose las soledades."

Rainer Maria Rilke a Lou Andreas-Salomé (1903)

Una amistad atravesada por la pasión y la inspiración creativa.

"Tú eres la prueba de que la amistad puede ser también un amor que no devora, sino que abre espacio al ser. Gracias a ti aprendo a existir de nuevo, con más hondura."

Virginia Woolf a Vita Sackville-West (1927)

Una de las amistades-amores más fecundas de la literatura inglesa.

"Sin ti, la vida sería una serie de días iguales, monótonos. Contigo, cada instante se convierte en aventura. La amistad es el milagro de descubrir el mundo dos veces."

Frida Kahlo a Chavela Vargas (años 40)

La pintora mexicana halló en la cantante un eco vital y fraterno.

"Chavela, tu voz me acompaña incluso en el dolor. Somos dos mujeres que se saben libres, aunque el mundo no entienda nuestra amistad. Te llevo conmigo como quien lleva un fuego secreto."

Albert Camus a René Char (1946)

El filósofo y el poeta, unidos en tiempos de guerra y posguerra. "Lo que me une a ti, René, es la certeza de que la amistad no necesita explicaciones. En un mundo donde todo se quiebra, nuestra fraternidad es lo que permanece."

Simone de Beauvoir a Jean-Paul Sartre (1954)

Más allá del amor, una amistad intelectual inquebrantable. "La palabra 'compañero' apenas alcanza. Nuestra amistad es el espacio donde puedo ser plenamente yo misma. No importa el tiempo ni las circunstancias: siempre nos encontramos."

Carta de John Steinbeck a su amigo Pascal Covici (1952)

Steinbeck, ya consagrado, agradece a su editor y amigo la lealtad compartida.

"No hay triunfo literario que valga sin alguien con quien compartirlo. Covici, tu amistad me recuerda que no escribo solo para los lectores, sino también para aquellos pocos que me conocen de verdad."

Obras esenciales para comprender la amistad (filosofía, literatura, cine, ensayo)

A lo largo de los siglos, la amistad ha sido objeto de reflexión, celebración y también de advertencia en múltiples obras que hoy constituyen una cartografía imprescindible para quien desee explorar este vínculo humano. Desde la Antigüedad hasta nuestros días, filósofos, poetas, narradores y cineastas han dejado huellas imborrables.

En la filosofía clásica, quizá el texto más fundamental sea el *Laelius de Amicitia* de Cicerón, donde se afirma con rotundidad: "La amistad no es otra cosa que la completa conformidad de sentimientos en las cosas divinas y humanas, unida con benevolencia y afecto". Aristóteles, en los *Libros VIII y IX de la Ética a Nicómaco*, distingue entre las amistades por utilidad, placer y virtud, y enuncia la célebre idea del amigo como "otro yo", una definición que ha atravesado la historia entera del pensamiento occidental.

En la tradición cristiana, San Agustín dejó en sus *Confesiones* páginas conmovedoras sobre la pérdida de un amigo en la juventud: "Mi alma estaba unida a la suya como si fuéramos una sola. Y he aquí que me arrancan a aquel con quien vivía mi vida". Siglos más tarde, Ramón Llull escribiría *El libro del amigo y del amado*, una obra mística en la que la amistad se convierte en metáfora del diálogo del alma con Dios: "El Amado y el Amigo iban por un camino, y el Amigo dijo: '¡Oh Amado!, ¿dónde estás?'. Y respondió el Amado: 'Estoy en tu corazón'".

Con el Humanismo y el Renacimiento, la amistad se volvió un tema vital y existencial. Montaigne inmortalizó su vínculo con Étienne de La Boétie en los *Ensayos*: "Porque era él, porque era yo", acaso la más breve y perfecta definición de amistad en la literatura. Cervantes, en el *Quijote*, representó la amistad en clave de aventura y ternura a través de la pareja inmortal Don Quijote y Sancho Panza, donde la lealtad mutua se sobrepone a las diferencias sociales, intelectuales y de visión del mundo.

En la modernidad, Goethe en *Las afinidades electivas* exploró los vínculos afectivos como fuerzas misteriosas que atraen y repelen a las personas, anticipando las complejidades de la amistad y el amor modernos. Rainer Maria Rilke, en sus *Cartas a un joven poeta*, advertía que la verdadera compañía no es fusión, sino respeto a la soledad del otro: "La amistad consiste en dos soledades que se protegen, se limitan y se reverencian".

La literatura del siglo XX dejó obras imprescindibles: *El libro de mis amigos* de Anatole France, con su mirada nostálgica y delicada; las páginas de García Márquez, donde la amistad se hace resistencia en medio de las dictaduras y los exilios —basta recordar su complicidad con Mario Vargas Llosa, Octavio Paz o Plinio Apuleyo Mendoza—; y las memorias de Octavio Paz en *Iti-*

nerario, donde reconoce que "los amigos son la verdadera patria del hombre".

El cine ha aportado también imágenes inolvidables. Desde *Los siete samuráis* de Kurosawa hasta *Los Goonies*, desde la épica camaradería de *El señor de los anillos* hasta la intimidad dolorosa de *Call Me by Your Name*, las películas nos recuerdan que la amistad es un tema universal que traspasa fronteras culturales y géneros narrativos.

Tampoco faltan testimonios populares. Helen Keller escribió: "Caminar con un amigo en la oscuridad es mejor que caminar solo en la luz". Mark Twain, con su humor inconfundible, dejó dicho: "La amistad es lo que más se necesita en el mundo y lo menos practicado". Y Albert Camus, en una carta a un amigo, resumió la esencia de este vínculo en palabras memorables: "No camines detrás de mí, quizás no sepa guiarte. No camines delante de mí, quizás no quiera seguirte. Camina a mi lado y sé mi amigo".

Glosario de términos clave

Amicitia: Palabra latina empleada por Cicerón para designar la amistad verdadera, entendida como acuerdo de voluntades y benevolencia recíproca en lo humano y lo divino.

Amigo del alma: Expresión que alude a la amistad íntima y profunda, enraizada en la confianza y el afecto desinteresado. A menudo evocada en contextos religiosos o poéticos.

Amistad de utilidad: Concepto aristotélico que define aquellas relaciones que nacen del provecho o beneficio mutuo, en contraste con la amistad virtuosa.

Amistad de virtud: Según Aristóteles, la forma más elevada de amistad, basada en el reconocimiento del bien y en la mutua mejora moral de los amigos.

Amistad epistolar: Vínculo cultivado a través de cartas, donde el intercambio escrito suplanta la distancia física. Célebres ejemplos: Cicerón, Séneca, Rilke, Martí.

Complicidad: Elemento fundamental de la amistad; supone compartir secretos, gestos o códigos implícitos que refuerzan la intimidad.

Confidente: Amigo depositario de los pensamientos más íntimos, cuyo papel es escuchar y guardar con lealtad lo revelado.

Fidelidad: Virtud cardinal de la amistad, asociada a la constancia frente a las pruebas del tiempo y la adversidad.

Filía (*philia*): Vocablo griego que designa la amistad o el afecto recíproco entre personas, distinto de *eros* (amor pasional) y *ágape* (amor desinteresado).

Hermandad: Relación que transciende los lazos de sangre; la amistad que se asemeja a la fraternidad.

Lealtad: Compromiso tácito de sostener al amigo en toda circunstancia, incluso en ausencia o en tiempos difíciles.

Reciprocidad: Pilar de la amistad genuina; se funda en la entrega mutua y el equilibrio entre dar y recibir.

Solidaridad: Capacidad del amigo de acompañar en la adversidad, compartiendo cargas y ofreciendo apoyo incondicional.

Testamento amistoso: Concepto que refiere a cartas, diarios o legados dedicados a un amigo, donde se perpetúa el vínculo más allá de la vida.

Virtud amical: Expresión usada en filosofía para señalar la amistad como ejercicio de las virtudes éticas y motor de perfeccionamiento moral.

Xenia: En la cultura griega, hospitalidad hacia el extranjero que, con el tiempo, se asoció a formas de amistad intercultural.

Bibliografía ampliada sobre la amistad

Alberoni, Francesco. *La amistad*. Barcelona: Gedisa, 1984.

Aristóteles. *Ética a Nicómaco*. Madrid: Gredos, 2000.

Bauman, Zygmunt. *Amor líquido: acerca de la fragilidad de los vínculos humanos*. Madrid: Fondo de Cultura Económica, 2005.

Buber, Martin. *Yo y tú*. Madrid: Caparrós, 2001.

Camus, Albert. *El primer hombre*. Barcelona: Tusquets, 1995.

Cicerón, Marco Tulio. *Laelius de amicitia*. Madrid: Alianza Editorial, 2003.

Comte-Sponville, André. *Pequeño tratado de las grandes virtudes*. Barcelona: Paidós, 1996.

Derrida, Jacques. *Políticas de la amistad*. Madrid: Trotta, 1998.

Emerson, Ralph Waldo. *Ensayos: amistad y otros escritos*. Barcelona: Paidós, 1999.

Fromm, Erich. *El arte de amar*. Madrid: Paidós, 2000.

García Márquez, Gabriel. *Vivir para contarla*. Barcelona: Mondadori, 2002.

Kant, Immanuel. *Antropología en sentido pragmático*. Madrid: Alianza Editorial, 2008.

Laín Entralgo, Pedro. *La amistad en la vida*. Madrid: Espasa-Calpe, 1972.

Lewis, Clive Staples. *Los cuatro amores*. Madrid: Rialp, 1991.

Maalouf, Amin. *Identidades asesinas*. Madrid: Alianza Editorial, 1999.

Mauss, Marcel. *Ensayo sobre el don*. Madrid: Katz, 2009.

Montaigne, Michel de. *Ensayos*. Madrid: Cátedra, 2004.

Nietzsche, Friedrich. *Así habló Zaratustra*. Madrid: Alianza Editorial, 2002.

Ortega y Gasset, José. *Estudios sobre el amor*. Madrid: Revista de Occidente, 1939.

Platón. *Diálogos: Fedro, Banquete*. Madrid: Gredos, 1992.

Rilke, Rainer Maria. *Cartas a un joven poeta*. Madrid: Alianza Editorial, 2002.

Sennett, Richard. *La corrosión del carácter*. Barcelona: Anagrama, 2000.

Simmel, Georg. *Sociología: estudios sobre las formas de socialización*. Madrid: Alianza Editorial, 2002.

Tönnies, Ferdinand. *Comunidad y sociedad*. Madrid: Centro de Estudios Constitucionales, 1979.

Unamuno, Miguel de. *Del sentimiento trágico de la vida*. Madrid: Espasa-Calpe, 1996.

ALEJANDRO ALCALÁ

El coleccionista
de libros

I.S.B.N.: 978-84-1136-915-2

En un mundo donde la información fluye a un ritmo vertiginoso y las tecnologías parecen desplazar las viejas costumbres, los libros siguen siendo anclas, refugios y guías. Son como faros en la niebla, proyectando luz en medio de la incertidumbre, ofreciendo orientación a quienes buscan respuestas, consuelo o inspiración. A lo largo de la historia, han sido compañeros de viaje, testigos silenciosos de revoluciones y guardianes de la memoria humana. Su relevancia no ha menguado con el paso de los siglos, ni siquiera ante la vorágine digital. Al contrario, persisten como artefactos esenciales, como vasos comunicantes entre épocas y culturas. Los libros no son solo objetos físicos ni meros contenedores de palabras. Son puertas hacia mundos desconocidos, ventanas al alma humana, ecos de civilizaciones que ya no existen. Han sobrevivido incendios y censuras, guerras y olvidos, porque su naturaleza es obstinada: persisten cuando todo lo demás se desvanece. En un monasterio medieval, en una librería de viejo en París o en una biblioteca digital del siglo XXI, el acto de leer sigue siendo un pacto silencioso entre el autor y el lector, un diálogo entre tiempos y conciencias.